DENK MAL!

Deutsch ohne Grenzen

Tobias Barske | Megan McKinstry | Karin Schestokat | Jane Sokolosky

VISTA
HIGHER LEARNING

Boston, Massachusetts

VISTA
HIGHER LEARNING

ISBN-13: 978-1-60576-893-9

1 2 3 4 5 6 7 8 9 RH 15 14 13 12 11

Table of Contents

About the Student Activities Manual

Completely coordinated with the **DENK MAL!** student textbook, the Student Activities Manual (SAM) provides you with additional practice of the language functions presented in each of the textbook's ten lessons. The SAM will help you develop your German language skills—listening, speaking, reading, and writing—both on its own and in conjunction with other components of the **DENK MAL!** program. The SAM combines two major learning tools in a single volume: the Workbook and the Lab Manual.

Workbook

Each lesson's workbook activities focus on developing your reading and writing skills as they recycle the language from the corresponding textbook lesson. Exercise formats include: true/false, multiple choice, fill-in-the-blanks, sentence completions, dehydrated sentences, personal questions, and paragraph writing. The workbook also includes art-based exercises and activities with cultural contexts.

Each workbook lesson reflects the organization of the textbook lesson; it begins with **Zu Beginn**, followed by sections on **Kurzfilm**, **Stellen Sie sich vor**, and **Strukturen**. Each lesson ends with **Aufsatz**, which develops your writing skills through a longer, more focused assignment.

Lab Manual

The Lab Manual activities and their corresponding audio MP3s (available at **vhlcentral.com**) build your listening and speaking skills as they reinforce the vocabulary and grammar of the corresponding textbook lesson. These activities provide the written and audio cues (direction lines, models, charts, drawings, etc.) that you will need in order to follow along easily. You will hear statements, questions, conversations, monologues, and other kinds of listening passages, all recorded by native German speakers. You will encounter a wide range of activities, such as listen-and-repeat and listen-and-respond, comprehension checks, and illustration-based work.

Each lesson of the Lab Manual contains a **Zu Beginn** section followed by a **Strukturen** section; these sections practice the vocabulary and grammar of each lesson. Each Lab Manual lesson ends with **Wortschatz**, a complete list of the active vocabulary you have learned in the lesson.

We hope that you find the **DENK MAL!** Student Activities Manual to be a useful resource and that it will help you increase your German language skills effectively and enjoyably.

The Vista Higher Learning Editorial Staff

ZU BEGINN   # Lektion 1

1 **Was passt zusammen?** Wählen Sie für jedes Wort auf der linken Seite ein verwandtes Wort auf der rechten Seite.

_____ 1. die Hochzeit   _____ 4. lügen   a. verlassen   d. das Ehepaar

_____ 2. der Witwer   _____ 5. schüchtern   b. sich schämen   e. verwitwet

_____ 3. die Verabredung   _____ 6. geschieden   c. mit jemandem ausgehen   f. unehrlich

2 **Sie heiratet ihn?** Max und Stefanie besprechen die Beziehung ihrer Freunde. Setzen Sie die richtigen Wörter in die Lücken.

ärgern	deprimiert	Hochzeit	ledig	Verabredung	verliebt
bestürzt	heiraten	Klatsch	optimistisch	verlassen	verlobt

MAX Hallo, Samantha! Du siehst so (1) _____ aus. Was ist los?

SAMANTHA Eigentlich hat es mit mir nichts zu tun. Trotzdem (2) _____ es mich.

MAX Was ist denn? Du wirst doch sonst nie böse.

SAMANTHA Weißt du nicht? Michael und Kristina sind wieder zusammen. Sie sind sogar (3) _____.

MAX Das kann nicht sein. Er hat sie (4) _____. Das war erst letzte Woche!

SAMANTHA Und zwar zum dritten Mal. Jetzt aber, wo sie kaum zwei Stunden wieder zusammen sind, wollen sie (5) _____.

MAX (6) _____ sind sie auf jeden Fall.

SAMANTHA Na ja, was kann man tun? Sie sind (7) _____.

MAX Wann findet die (8) _____ statt?

SAMANTHA Nächsten Oktober. Dieser (9) _____ macht mich (10) _____. Wie geht es dir?

MAX Nicht schlecht. Ich bin aber immer noch (11) _____. Hast du heute Abend schon etwas vor?

SAMANTHA Tut mir Leid! Ich habe schon eine (12) _____.

3 **Wie sind diese Menschen?** Wählen Sie den richtigen Ausdruck für jedes Bild.

_____ 1. Sie sind liebevoll.

_____ 2. Sie sind attraktiv.

_____ 3. Sie ist deprimiert.

_____ 4. Sie sind verheiratet.

a.   b.   c.    d.

Workbook

4 **Persönlichkeiten** Beantworten Sie die folgenden Aussagen und Fragen in vollständigen Sätzen.

1. Beschreiben Sie Ihre eigene Persönlichkeit.

   _____

2. Beschreiben Sie die Persönlichkeit Ihres Vaters/Ihrer Mutter.

   _____

3. Welche Gemeinsamkeiten haben Sie mit Ihren Eltern? Wo gibt es Unterschiede?

   _____

4. Haben Sie ein Haustier, zum Beispiel eine Katze oder einen Hund? Ist das Tier ein Teil
   der Familie? Warum?

   _____

5. Haben Haustiere auch Persönlichkeiten? Beschreiben Sie die Persönlichkeit eines Haustieres
   Ihrer Wahl.

   _____

5 **Wer sind diese Personen?** Schauen Sie sich die Bilder an und beschreiben Sie sie mit wenigen
Sätzen. Wer sind die Menschen auf den Bildern?

1.    2.    3.

1. _____

   _____

2. _____

   _____

3. _____

   _____

6 **Personenbeschreibung** Beschreiben Sie die Persönlichkeit des idealen Freundes oder der idealen
Freundin. Schreiben Sie dann etwas über einen Menschen, den Sie nicht mögen.

Mein idealer Freund/Meine ideale Freundin:

_____

_____

Ein Mensch, den ich nicht mag:

_____

_____

KURZFILM

Outsourcing

1 **Verstehen Sie?** Beantworten Sie die folgenden Fragen zum Film *Outsourcing*.

1. Zu welcher Mahlzeit setzt sich die Familie an den Tisch?

   _____

2. Wozu haben die Tochter und ihr Vater sich entschieden?

   _____

3. Wie reagiert die Mutter auf den Brief? Nimmt sie die Mitteilung ernst?

   _____

4. Warum wollen sie ihre Arbeit als Mutter und Hausfrau beenden?

   _____

5. Welches Zimmer im Haus wollen sie schließen?

   _____

6. Nachdem sie das Schlafzimmer verkaufen, wo schläft die Mutter? Wo schläft der Vater?

   _____

7. Wie ersetzen sie die Küche und die Arbeit der Mutter?

   _____

8. Warum kann die Mutter das Auto nicht nehmen?

   _____

2 **Wie hätten andere reagiert?**

Denken Sie nach: Haben Sie schon mal eine absurde Situation erlebt? Wie haben Sie auf diese Situation reagiert? Beschreiben Sie die Reaktion der Mutter im Film. Was kann man über ihre Persönlichkeit sagen? Wie würden andere Menschen in so einer Situation reagieren? Beschreiben Sie eine andere Reaktion.

_____

_____

_____

_____

_____

_____

_____

_____

_____

Lektion 1 Workbook   **3**

STELLEN SIE SICH VOR

Die Vereinigten Staaten

Richtig oder falsch? Entscheiden Sie, ob die folgenden Aussagen **richtig** oder **falsch** sind. Korrigieren Sie die falschen Aussagen.

Richtig   **Falsch**

○   ○   1. Viele deutsche Einwanderer sind im 18. Jahrhundert nach Milwaukee gekommen.

_____

○   ○   2. Heute wohnen immer noch viele Deutschamerikaner in Milwaukee.

_____

○   ○   3. Das „Fest der Gemütlichkeit" findet jeden Sommer statt und dauert vier Tage.

_____

○   ○   4. Auf dem Fest findet man keine authentischen deutschen Traditionen.

_____

○   ○   5. Nach altdeutschem Rezept wird Sauerkraut mit frischen Äpfeln, Rindfleisch und Kümmel gemacht.

_____

○   ○   6. Beim *German Fest* kann man etwas über die Geschichte der Deutschen in Amerika lernen.

_____

Entdecken wir...

Das *German Fest* Beschreiben Sie das Foto. Was sehen Sie? Was wissen Sie über die Kinder auf dem Bild?

_____

_____

_____

_____

_____

_____

_____

_____

_____

_____

Workbook

STRUKTUREN

1.1 Word order: statements and questions

1 **Einen Brief korrigieren** Ihr Freund Jeff möchte einen Brief an seinen deutschen Brieffreund schreiben. Er macht aber viele Fehler in der Wortstellung. Helfen Sie ihm. Unterstreichen Sie die Sätze im Brief unten, die nicht richtig sind. Berichtigen Sie die Wortstellung anschließend.

Lieber Christian,

deinen ersten Brief habe ich mit großem Interesse gelesen! Ich möchte dir etwas von mir, meiner Familie und meiner Freundin erzählen. Ich komme aus Burnsville, MN, einem Vorort von Minneapolis. Hier wir haben die _Mall of America_. Arbeiten meine Mutter und meine Freundin seit drei Jahren dort. Meine Eltern sind geschieden. Mein Vater wohnt in St. Paul und in einer Bank arbeitet. Ich abschließe das Studium bald und ich meine Freundin heirate. Dann wir bereisen Österreich. Sehen wir uns dann?

Schöne Grüße
Jeff McComb

1. _____
2. _____
3. _____
4. _____
5. _____

2 **Julias neuer Freund** Laura stellt Julia Fragen zu ihrem neuen Freund. Bilden Sie Julias Antworten aus den Fragen und den Informationen unten.

Beispiel

Wie oft redet ihr miteinander? (jeden Tag)
Wir reden jeden Tag miteinander.

1. Seit wann kennst du deinen neuen Freund? (ein Monat)

   _____

2. Wann war eure erste Verabredung? (letzten Freitag)

   _____

3. Was habt ihr während der Verabredung gemacht? (ins Kino gehen)

   _____

4. Was studiert er? (Medizin)

   _____

5. Wie lange muss er noch studieren? (zwei Jahre)

   _____

3   **Wie war das Date?** Robert stellt Paul Fragen zu seiner Verabredung mit Erika. Lesen Sie Pauls Antworten und schreiben Sie Roberts Fragen auf.

1. _____

   Wir sind gestern in die Freiburger Innenstadt gefahren.

2. _____

   Wir haben eine Kunstausstellung im Museum für neue Kunst besichtigt und waren dann im Schlappen essen.

3. _____

   Ich habe Spaghetti Bolognese bestellt und Erika hat Schweinefilet mit Mozzarella gegessen.

4. _____

   Wir sind mit der Straßenbahn gefahren und zu Fuß gegangen.

5. _____

   Wir sind in der Innenstadt spazieren gegangen.

6. _____

   Ich war um 22 Uhr zu Hause.

4   **Zeit mit Freunden und Freundinnen** Beantworten Sie die folgenden Fragen zu Ihrer Freizeit mit Ihren Freund(inn)en.

1. Mit welchen Freunden gehen Sie gern aus?

   _____

2. Was machen Sie mit Ihren Freunden, wenn Sie ausgehen?

   _____

3. Gehen Sie oft mit Freunden essen? Wenn ja, wo essen Sie gern?

   _____

4. Wer bezahlt, wenn Sie ins Restaurant gehen?

   _____

5. Wer fährt, wenn Sie mit Ihren Freunden ausgehen?

   _____

6. Feiern Sie gern bis spät in die Nacht oder gehen Sie lieber früh ins Bett?

   _____

5   **Ein soziales Netzwerk** Sie wollen bei einem sozialen Online-Netzwerk mitmachen, da Sie neue Leute kennen lernen möchten. Schreiben Sie mindestens drei Sätze über sich und drei Fragen an die Leute, die Sie kennen lernen wollen.

_____

_____

_____

_____

1.2 Present tense of regular and irregular verbs

1 **Einen Freund haben, ein Freund sein** Ergänzen Sie die Sätze mit den richtigen Formen von **haben** oder **sein**.

1. Jerome _____ wenige Freunde.

2. Seine Freunde _____ ihm aber alle sehr nah.

3. _____ Jerome aber ein guter Freund?

4. Ja. In ihm _____ man einen guten Freund.

5. _____ alle Menschen gute Freunde?

6. Nein. Gute Freunde _____ selten.

7. _____ du auch sein Freund?

8. Ja. Doch ich _____ noch viele andere Freunde.

2 **Unreife Liebe** Ergänzen Sie die E-Mail von Asma an Laura mit den richtigen Formen der Verben in Klammern.

Liebe Laura,

du (1) _____ (sein) aber eifersüchtig, nicht wahr? Du (2) _____ (lesen) sogar

E-Mails von Mahmet an mich. Woher (3) _____ (wissen) du eigentlich mein Passwort?

Wie auch immer: Es tut mir Leid, aber er (4) _____ (gehören) jetzt mir. Morgen

(5) _____ (fahren) er mit dem Zug nach Berlin. Wir (6) _____ (treffen) uns dort.

Mahmet (7) _____ (helfen) mir bei der Jobsuche und (8) _____ (schenken) mir sogar

einen Ring! Du siehst, er (9) _____ (vergessen) dich schon jetzt, aber ich (10) _____

(vergessen) mit Sicherheit nichts. Dennoch (*However*) brauchst du dir keine Sorgen zu machen. Du

(11) _____ (finden) bestimmt einen neuen Freund. Aber Mahmet (12) _____ (sehen)

du nie wieder.

Asma

3 **Manchmal ist es schwer** Wählen Sie für jeden Satz das richtige Wort aus der Liste und ergänzen Sie den Satz mit dem Verb im Präsens.

arbeiten	ausgehen	fühlen	reisen	suchen
ärgern	brauchen	helfen	schlafen	werden

1. Josef _____ sich manchmal über seine Frau, Sophie.

2. Sophie _____ manchmal böse.

3. Josef _____ eine bessere Arbeitsstelle.

4. Er _____ aber oft bis in den Nachmittag.

5. Sie _____ mehr als er.

6. Josef _____ oft beim Putzen zu Hause.

7. Nächste Woche _____ Sophie und Josef nach Griechenland.

8. Sie beide _____ den Urlaub!

4 **Andere machen das auch!** Sie sprechen mit Ihren Freunden über Ihren gemeinsamen Freund Stefan. Sie meinen, dass Stefan seltsame (*strange*) Sachen macht. Andere verhalten sich aber auch so! Korrigieren Sie die Meinung Ihrer Freunde über Stefan.

> **Beispiel**
>
> Stefan geht gern ins Kino. (Peter und ich)
> *Peter und ich gehen auch gern ins Kino.*

1. Stefan arbeitet spät in der Nacht. (seine Freundin)

   _____

2. Stefan isst Pizza mit Thunfisch. (wir alle)

   _____

3. Stefan hört nur klassische Musik. (meine Eltern)

   _____

4. Stefan schläft nur fünf Stunden. (Thomas)

   _____

5. Stefan liest jeden Tag Zeitung. (alle)

   _____

5 **Was machen diese Leute?** Schauen Sie sich die Bilder an. Schreiben Sie auf, was die Personen auf dem Bild machen.

| (sich) ärgern | fühlen | lügen | teilen | verlassen | sich verloben |
| ausgehen | heiraten | sich streiten | verehren | sich verlieben | vertrauen |

1. Elena und Christoph   2. Tobias und Valerie   3. Helmut und Octavia   4. du

_____   _____   _____   _____

_____   _____   _____   _____

_____

6 **Aschenputtel kehrt zurück** Erzählen Sie die Geschichte von Aschenputtel. Sie können einen neuen Schluss erfinden, wenn Sie wollen.

| arbeiten | geben | heiraten | strafen | tragen | sich verlieben |
| besuchen | hassen | helfen | tanzen | träumen | (einen Zauberspruch) aufsagen |

_____

_____

_____

_____

_____

1.3 Nominative and accusative cases; pronouns and possessive adjectives

1 **Ein neues Leben** Ergänzen Sie jeden Satz mit der richtigen Form des Wortes.

1. Erkennst du _____ ehemalige Frau?

   a. deinem   b. dein   c. deinen   d. deine

2. Sie baut sich _____ neues Leben auf.

   a. ein   b. eine   c. einer   d. einen

3. Sie hat _____ neuen Mann gefunden. Er heißt Ali.

   a. ein   b. eine   c. einer   d. einen

4. Ali liebt _____.

   a. ihr   b. sie   c. sich   d. Sie

5. Sie wollen _____ Kinder.

   a. keine   b. keinen   c. kein   d. keiner

2 **Das Dating-Netzwerk** Otto, Edith und Klaus surfen auf einer Dating-Webseite. Ergänzen Sie das Gespräch mit der richtigen Form des fehlenden Artikels oder Pronomens.

OTTO Wie findest du (1) _____ (dieser) Mann, Edith?

EDITH Er ist nicht so attraktiv. Wie findest du (2) _____ (er)?

OTTO Nicht schlecht. Er ist aber nichts für (3) _____ (ich).

EDITH Tja… dieser Kerl gibt uns (4) _____ (kein) Fotos. Klaus, diese Frau teilt (5) _____ (dein) Interessen.

KLAUS Ja, ich finde (6) _____ (sie) interessant und (7) _____ (ihr) Foto ist schön. Ich möchte (8) _____ (ihr) Profil weiter lesen.

3 **Eine Umfrage** Claudia macht eine Umfrage über Beziehungen. Beantworten Sie ihre Fragen mit den angegebenen Informationen.

> **Beispiel**
>
> Wen rufst du am häufigsten (*frequently*) an? (mein bester Freund)
> **Ich rufe meinen besten Freund an.**

1. Was suchst du bei einem Partner/einer Partnerin? (die Zuneigung)

   _____

2. Wer war dein erster Freund/deine erste Freundin? (ein Klassenkamerad/eine Klassenkameradin)

   _____

3. Was machst du gern mit deinem Freund/deiner Freundin? (über / Literatur sprechen)

   _____

4. Wen siehst du jeden Tag? (meine Schwester)

   _____

5. Wo lernst du neue Leute kennen? (durch / Online-Netzwerke)

   _____

Workbook

4 **Und hier ist ein Foto von...** Nikolas versucht, die Bilder in seinem Fotoalbum zu beschreiben. Helfen Sie ihm. Finden Sie für jedes Foto einen Titel, der besagt, was auf dem Foto passiert. Schreiben Sie vollständige Sätze und vergessen Sie nicht, die richtigen Nominativ- und Akkusativformen zu verwenden.

1.   2.   3.

1. _____

2. _____

3. _____

5 **Meinungen über die Ehe** Beantworten Sie in vollständigen Sätzen die folgenden Fragen über gute und über problematische Ehen.

1. Wen kennst du, der eine sehr gute Ehe führt?

_____

2. Was macht er/sie richtig?

_____

3. Wen kennst du, der eine problematische Ehe führt?

_____

4. Was macht er/sie nicht richtig?

_____

5. Was macht eine gute Ehe aus?

_____

6 **Jetzt sind Sie dran** Stellen Sie sich vor, Sie besuchen das Milwaukee *German Fest* mit zwei guten Freund(inn)en. Beschreiben Sie, was Sie sehen und machen. Lesen Sie den Aufsatz unter **Stellen Sie sich vor** in Lektion 1. Verwenden Sie Artikel, Pronomen und Possessivpronomen im Nominativ und im Akkusativ.

_____

_____

_____

_____

_____

_____

_____

AUFSATZ

Schritt 1

Lesen Sie Leilas Blogeintrag und beantworten Sie die Fragen.

> Wilkommen! Ich erzähle mal etwas über mich. Ich bin 19 Jahre alt und ich studiere Architektur in Magdeburg. Im Moment habe ich zwar noch einen Freund, aber ich bin wohl bald wieder solo. Ich meine, na ja… es war Liebe auf den ersten Blick, aber manchmal hält die Liebe eben nicht so lange. Ich habe jetzt sowieso wenig Zeit für eine Beziehung. Ich reise morgen nach London und mein Freund kommt nicht mit. Er ist zu faul! Während ich lerne oder arbeite, sieht er fern! Oder sonst schläft er.
>
> Deswegen reise ich oft und gern… aber allein. Einen Freund oder eine Freundin dabei zu haben macht alles langsamer. Ich warte auf niemanden. Man bezeichnet mich als stolz und sorgfältig, aber nicht als bescheiden oder charmant. Ob ich charmant bin oder sein will, weiß ich nicht. Ehrlich bin ich auf jeden Fall. Hoffentlich nimmt man es nicht so ernst, wenn ich kritisch bin. Ich freue mich sehr auf London! Kommt bitte wieder und lest über meine Abenteuer dort. Dann gibt es auch Fotos!

Welche Verben verwendet Leila? Machen Sie einen Kreis um die Verben und bestimmen Sie, ob sie regelmäßig oder unregelmäßig sind.

_____

_____

_____

_____

_____

_____

_____

_____

_____

Schritt 2

Lesen Sie den Blogeintrag noch einmal. Machen Sie einen Kreis um alle Artikel und Pronomen. Geben Sie an, ob sie im Nominativ oder im Akkusativ stehen.

_____

_____

_____

_____

_____

_____

_____

_____

_____

Workbook

Schritt 3

Nun sind Sie dran. Schreiben Sie einen Blogeintrag über Ihre Persönlichkeit, was Sie gern machen, Ihre Freunde und Ihre Beziehungen. Schreiben Sie mindestens 10 Sätze. Verwenden Sie Fragen, regelmäßige und unregelmäßige Verben, Pronomen und Possessivpronomen.

_____
_____
_____
_____
_____
_____
_____
_____
_____
_____
_____
_____
_____
_____
_____
_____
_____
_____
_____
_____
_____
_____
_____
_____
_____
_____
_____
_____
_____
_____

1 Welches Wort gehört nicht dazu? Sehen Sie sich die Wörter in jeder Reihe an und markieren Sie das Wort, das nicht dazugehört. Mit den umkreisten Wörtern ergänzen Sie die Sätze unten.

A. 1. das Polizeirevier / die Fußgängerin / das Gerichtsgebäude / die Feuerwache

2. überfüllt / privat / gefährlich / laut

3. vorbeigehen / stoppen / parken / anhalten

4. der Vorort / das Stadtzentrum / der Stadtrand / der Verkehr

B. 1. Heute _____ wir am Rathaus _____.

2. _____ verläuft sich im Stadtzentrum.

3. _____ in dieser Stadt wird immer schlimmer.

4. Diese Wohnung ist klein und nicht _____ genug.

2 In den Vorort umziehen Ergänzen Sie den Text mit den richtigen Wörtern aus der Liste unten.

lebhaft	plaudern	umziehen	sich verfahren
liegen	Stadtzentrum	unerwartet	sich verlaufen
Nachbarschaft	überqueren	verbessern	Wegbeschreibung

Lukas, kennst du das Café Springfield? Es (1) _____ im (2) _____. Also, ich sitze

dort und (3) _____ mit Thomas. Weißt du was? Er (4) _____ _____!

Ihm gefällt die (5) _____ nicht. In Berlin (6) _____ er _____ oft. Dabei

hat er im Auto ein GPS-Gerät, das ihm jede (7) _____ gibt! Es ist einfach nicht zu glauben.

Er (8) _____ _____ schon, wenn er nur die Straße (9) _____! Mir aber

gefällt es in Berlin. Die Stadt ist so (10) _____.

3 Was machen diese Leute? Schauen Sie sich die Bilder an. Beschreiben Sie jedes Bild in zwei vollständigen Sätzen. Verwenden Sie Vokabeln aus **Lektion 2**.

1.   2.   3.

1. _____

_____

2. _____

_____

3. _____

_____

4   **Ihr Wohnort** Beantworten Sie die folgenden Fragen in vollständigen Sätzen.

1. Wo wohnen Sie? In der Stadt, im Vorort oder auf dem Land?

_____

2. Haben Sie Mitbewohner? Mit wem wohnen Sie zusammen?

_____

3. Wo in Ihrer Stadt verbringen Sie viel Zeit?

_____

4. Wie reisen Sie in Ihrer Stadt? Haben Sie ein Auto?

_____

5. Kennen Sie Ihre Stadt gut? Wo in Ihrer Stadt verlaufen Sie sich oft?

_____

5   **Besuch meine Stadt!** Schreiben Sie einen Brief an Ihre(n) deutsche(n) Brieffreund(in). Laden Sie ihn oder sie zu Besuch ein. Beschreiben Sie Ihren Wohnort, was man dort machen und sehen kann. Verwenden Sie mindestens acht Wörter aus der Liste unten.

sich amüsieren	die Nachbarschaft	das Stadtzentrum
der Bürgersteig	das Nachtleben	verbessern
der Fußgänger	die Richtung	der Verkehr
lebhaft	sicher	voll
liegen	der Stadtrand	vorbeigehen

_____

_____

_____

_____

_____

_____

_____

_____

_____

_____

_____

_____

_____

_____

_____

_____

_____

KURZFILM

Auf der Strecke

1 **Verstehen Sie?** Beantworten Sie die folgenden Fragen.

1. Vergleichen Sie die Haltung von Rolf und Sven gegenüber dem Dieb am Anfang des Films.

_____

2. Warum verspotten (*mock*) die Jugendlichen den Mann, mit dem Sarah in der Bahn saß (*sat*)?

_____

3. Wo findet man diesen Mann nach dem Angriff?

_____

4. Was will Sarah von Rolf, als sie sich auf dem Dach treffen?

_____

5. Wie erkennt Rolf Diebe in seinem Beruf (*job*) als Sicherheitsbediensteter?

_____

6. Was macht der Mann mit dem Bart (*beard*), der in die Bahn einsteigt und den Rolf verdächtig (*suspicious*) findet?

_____

7. Worüber beschwert sich (*does complain*) Sarah, während sie mit Rolf Billard spielt?

_____

8. Warum fühlt Sarah sich schuldig?

_____

2 **War es ein Unfall?**

Laut (*According to*) dem Bericht (*report*) der Fernsehjournalistin sagen die Jugendlichen, die Sarahs Bruder totgeschlagen haben, dass es sich um einen Unfall handelte. Kurz vor dem Ende des Films, als Rolf Sarah tröstet, sagt er auch, dass der Tod ihres Bruders ein Unfall war. Warum sagt er das? Meint er, dass die Jugendlichen nicht wollten, dass Sarahs Bruder ums Leben kommt? Will Rolf etwas über Sarahs Verhalten (*behavior*) sagen? Oder sein eigenes Verhalten? Was meinen Sie, wie beurteilt (*does judge*) er sein Verhalten am Ende des Films? Glaubt Sarah, dass Rolf in der U-Bahn dabei war?

_____

_____

_____

_____

_____

_____

_____

STELLEN SIE SICH VOR

Berlin

Was sieht man in Berlin? Ergänzen Sie die Sätze mit den richtigen Wörtern aus der Liste unten.

Berghain	Fernsehturm	Mauer	Türsteher
Brandenburger Tor	Holocaust	Transparenz	Vergangenheit

1. Berlin ist eine moderne Stadt, besitzt aber auch eine interessante _____.

2. Das _____ steht heute für Einheit.

3. Das _____-Mahnmal besteht aus Betonstelen in Parallel-Reihen.

4. Die Glaskuppel des Reichstagsgebäudes deutet auf politische _____ hin.

5. Heutzutage steht keine _____ zwischen Ost- und Westberlin.

6. Vom _____ aus kann man die ganze Stadt überblicken.

7. Vor dem _____-Club muss man lange Schlange stehen.

8. Wenn man in den Berghain-Club kommen will, ist es gut, den _____ zu kennen.

Entdecken wir...

Starke Meinungen Beschreiben Sie das Bild. Was passiert hier? Was wissen Sie über diesen Ort?

_____

_____

_____

_____

_____

_____

_____

_____

_____

_____

_____

_____

_____

_____

_____

STRUKTUREN

2.1 Dative and genitive cases

1   **Eine neue Wohnung** Umkreisen Sie die richtigen Formen der Wörter.

1. Die Miete (meiner Wohnung / meine Wohnung) ist billig.
2. Der Vermieter macht (den Mietern / der Mieter) ein Sonderangebot.
3. Die Wohnung befindet sich im Vorort (die Stadt / der Stadt).
4. Leider gibt es vor (der Wohnung / die Wohnung) keinen Parkplatz.
5. (Meinem Nachbarn / Meines Nachbarn) gefällt seine Wohnung nicht.
6. Die laute Musik (des Nachbarn / dem Nachbarn) stört ihn.

2   **Ein großes Geldproblem** Ergänzen Sie den Text mit der richtigen Form des Artikels, Pronomens oder Possessivpronomens.

Beate, ich habe ein Problem. Deswegen (_Therefore_) schreibe ich (1) _____ (du). Morgen ist der Geburtstag (2) _____ (mein) Freundin. Ich muss (3) _____ (sie) ein Geschenk kaufen! Ich bin gerade im Kaufhaus (4) _____ (der) Westens. Ich habe hier einen Rock, der (5) _____ (sie) bestimmt passt! Aber ausgerechnet diesen Monat musste ich (6) _____ (mein) Vermieter viel Geld als Kaution zahlen, und jetzt habe ich nicht mehr genug! Hilf (7) _____ (ich) jetzt, bitte! Am Ende (8) _____ (der) Sommers kann ich (9) _____ das Geld zurückzahlen. Antworte auf den Hilferuf (10) _____ (ein) Freundes!

Björn

3   **Wem gehört das?** Formen Sie drei kurze Gespräche aus den vorgegebenen Satzteilen.

> **Beispiel**
>
> du / CDs / er (nein)
> —Gehören die CDs dir? / —Nein, sie gehört ihm.

1. du / die Fotos / sie (nein)

   _____

   _____

2. er / der Computer / ich (nein)

   _____

   _____

3. ihr / die Stiefel und Schuhe / wir (ja)

   _____

   _____

4 **Was passiert hier?** Sehen Sie sich das Bild an und beschreiben Sie mit Possessivpronomen, Dativ- und Genitivobjekten, was passiert.

_____

_____

_____

_____

_____

_____

5 **Ein Besuch in Ihrer Stadt** Ihre Eltern kommen zu Besuch. Beantworten Sie die folgenden Fragen in vollständigen Sätzen.

1. In welchem Stadtteil Ihrer Stadt leben Sie?

_____

2. Sind die Straßen Ihrer Nachbarschaft sauber und sicher?

_____

3. Wohnen Sie in der Nähe einer Bushaltestelle oder fahren Sie mit dem Auto?

_____

4. Was zeigen Sie Ihren Eltern in der Stadt?

_____

5. Was erzählen Sie Ihren Eltern über Ihre Stadt?

_____

6. Gefällt Ihnen Ihre Stadt?

_____

6 **Mein Wohnort** Schreiben Sie eine E-Mail an einen Freund. Erzählen Sie ihm, wo und mit wem Sie wohnen. Verwenden Sie Artikel im Dativ und im Genitiv, Pronomen und Possessivpronomen. Schreiben Sie mindestens fünf Sätze.

_____

_____

_____

_____

_____

2.2 Prepositions

1 **Wo ich wohne** Ergänzen Sie die folgenden Sätze mit der richtigen Präposition.

1. Das Leben _____ meiner Stadt ist angenehm.

   a. in   b. für   c. mit   d. trotz

2. Im Sommer fahre ich _____ dem Fahrrad.

   a. nach   b. aus   c. in   d. mit

3. _____ der Arbeit gehe ich mit Freunden aus.

   a. Ohne   b. Nach   c. Seit   d. Gegenüber

4. Mein Freund kommt _____ einer anderen Stadt.

   a. seit   b. von   c. aus   d. mit

5. Ich zeige ihm alle Sehenswürdigkeiten _____ der Stadt.

   a. innerhalb   b. gegen   c. entlang   d. bei

2 **Erkans Haus** Ihr Freund Erkan gibt Ihnen eine Wegbeschreibung zu seinem Haus. Schreiben Sie hinter jede Präposition die richtige Form des Artikels.

Du kennst den Weg nicht? Kein Problem. Ich beschreibe ihn dir. Ich wohne auf (1) _____ (die) anderen Seite des Flusses. Zuerst biegst du (*turn*) links in (2) _____ (die) Mühlenstraße ein. Fahr bis zu (3) _____ (die) Oberbaumbrücke. Neben (4) _____ (die) Brücke liegt der Universal Osthafen. Wenn du den Tennisplatz hinter (5) _____ (der) Park erreichst, bist du zu weit gefahren. Fahr über (6) _____ (die) Brücke. Dann fahr weiter in (7) _____ (die) Falkensteinstraße. Meine Wohngemeinschaft liegt an (8) _____ (die) Ecke der Wrangelstraße.

3 **Ein Tag in der Stadt** Bilden Sie Sätze aus den angegebenen Satzteilen.

> **Beispiel**
>
> ich / zeigen / sie / das Museum / auf / der Stadtplan
> **Ich zeige ihr das Museum auf dem Stadtplan.**

1. Olga / zeigen / ich / der Weg / zu / Rathaus

   _____

2. während / das Mittagessen / wir / reden / ohne / Pause

   _____

3. nach / das Essen / ich / kaufen / eine Bluse / meine Freundin

   _____

4. wegen / das Geschenk / sie / sein / ich / dankbar

   _____

5. nach / der Einkauf / wir / gehen / durch / das Stadtzentrum

   _____

4 **Eine Wegbeschreibung geben** Sehen Sie sich die Karte an und beschreiben Sie den Weg von Punkt A zu Punkt B. Verwenden Sie Präpositionen aus der Liste.

an	aus	durch	innerhalb	um	zu
auf	bis	in	nach	von	zwischen

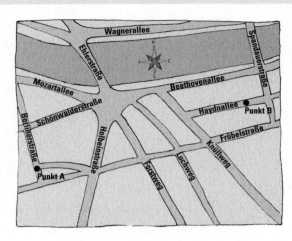

_____

_____

_____

_____

_____

_____

5 **Während des Aufenthalts** Denken Sie an eine Stadt, die Sie gut kennen. Diese Stadt werden sie besuchen. Beantworten Sie die Fragen. Verwenden Sie Präpositionen im richtigen Kasus.

1. Wo übernachten Sie in der Stadt?

_____

_____

2. Wie reisen Sie in der Stadt?

_____

_____

3. Was machen Sie während Ihres Aufenthalts in dieser Stadt?

_____

_____

4. Mit wem besuchen Sie die Stadt?

_____

_____

5. An welche Erfahrungen erinnern Sie sich nach der Reise?

_____

_____

2.3 *Das Perfekt*; separable and inseparable prefix verbs

1 **Alptraumbesuch!** Sie besuchen eine neue Stadt. Ergänzen Sie die Sätze mit der richtigen Form der Hilfsverben **sein** oder **haben**.

1. Wir _____ Köln, eine sehr schöne Stadt, besucht.

2. Wir _____ mit dem Zug gefahren.

3. Der Zug _____ sehr spät angekommen.

4. Unser Hotel _____ schmutzig gewesen.

5. Es _____ das ganze Wochenende geregnet.

6. Trotzdem _____ ich mich nicht gelangweilt.

2 **Marina und ihre Freunde in der Stadt** Marina erklärt Ihnen, was sie und ihre Freunde gestern während eines Besuchs in der Stadt gemacht haben. Bilden Sie Sätze im Perfekt aus den angegebenen Satzteilen.

> **Beispiel**
>
> Melissa und Thomas: sehen / ein Film
> *Melissa und Thomas haben einen Film gesehen.*

Monika   1. besichtigen / Kunstausstellung _____

                    2. fahren / mit der Straßenbahn _____

Hakan und ich   3. einkaufen / in der Innenstadt _____

                    4. finden / gute Angebote _____

du und Uta   5. machen / was / ? _____

                    6. bleiben / wie lange / ? _____

3 **Was ist passiert?** Beschreiben Sie die Bilder im Perfekt mit den Verben aus der Liste.

> **Beispiel**
>
> **Vanessa und Thomas**
> *Vanessa und Thomas haben Volleyball gespielt.*

ankommen
einsteigen
spielen
warten

1. Matthias und Jan

2. Karin

3. Frau Zabel

_____   _____   _____

_____   _____   _____

_____   _____   _____

_____   _____   _____

4 **Mit oder ohne Auto leben?** Erik und Acacia besprechen den Verkehr in ihrer Stadt. Ergänzen Sie das Gespräch. Setzen Sie die Verben im Perfekt ein.

ERIK Tag, Acacia! Wo (1) _____ du _____ (sein)?

ACACIA Beim Autohaus Reiniger. Ich (2) _____ mir ein Auto

_____ (kaufen).

ERIK Ich gratuliere dir. Aber du (3) _____ doch immer mit öffentlichen

Verkehrsmitteln _____ (fahren). Warum brauchst du jetzt ein Auto?

ACACIA Jeden Tag (4) _____ ich früh _____ (aufstehen). Jeden Tag

(5) _____ ich in der Kälte auf die S-Bahn _____ (warten).

Und die Bahn (6) _____ oft zu spät _____ (kommen). Jetzt

kann ich ganz bequem mit dem Auto fahren!

ERIK Aber du (7) _____ doch bestimmt auch _____ (bemerken),

der Verkehr in dieser Stadt (8) _____ dichter _____ (werden).

Die Situation wird sich nicht verbessern. Ich (9) _____ immer

ein Auto _____ (haben), und dann (10) _____ ich so oft im

Stau _____ (stehen). Schluss damit! Ich verkaufe mein Auto.

ACACIA Das ist mir egal. Ich habe ein Luxusauto. Ich kann im Stau stehen und dabei sehr

bequem sitzen.

5 **Was andere gemacht haben** Beschreiben Sie, was diese Personen gestern gemacht haben. Schreiben Sie mindestens drei Sätze zu jeder Person.

1. zwei Studenten, 22 Jahre alt

_____

_____

2. die Bürgermeisterin, 50 Jahre alt

_____

_____

3. der Polizeibeamte, 35 Jahre alt

_____

_____

6 **Was ich gemacht habe** Wann waren Sie das letzte Mal in einer großen Stadt? Was haben Sie dort gemacht? Schreiben Sie mindestens sechs Sätze.

_____

_____

_____

_____

_____

_____

AUFSATZ

Schritt 1

Michael hat mit seiner Freundin Berlin besucht. Lesen Sie diesen Brief, in dem er von der Reise erzählt.

Liebe Mutti,

ich bin gerade mit Sabine zurück aus Berlin! Trotz des schlechten Wetters war unsere Reise spannend. Ich bin aber glücklich, wieder in Querfurt zu sein. Wir sind mit dem Zug nach Berlin gefahren und du weißt, dass Sabine nicht gern mit dem Zug fährt. Doch die Kupplung (*clutch*) meines Autos ist kaputt... was soll man machen? Die Tagung (*conference*) hat erst nach den Ferien begonnen. Wir haben viel Zeit gehabt, die wir in der Stadt verbracht haben. Wir haben erst das Deutsche Historische Museum besucht. Dann sind wir die Straße Unter den Linden herunter gegangen und haben das Brandenburger Tor gesehen. In dieser Gegend befindet sich auch das Reichstagsgebäude. Wir sind sogar bei der Komischen Oper gewesen. Leider haben wir nichts gesehen. Während meiner Tagung hat Sabine sich mit Freundinnen getroffen. Was sie dann gemacht hat, darüber musst du schon mit ihr selber sprechen. Berlin hat sich aber stark verändert! Sabine sagt, du sollst die Stadt bald besuchen.

Welche Tempora verwendet Michael? Machen Sie einen Kreis um die Verben und bestimmen Sie das Tempus der Verben.

_____
_____
_____
_____
_____
_____
_____
_____
_____

Schritt 2

Lesen Sie den Brief noch einmal. Machen Sie einen Kreis um alle Präpositionen. Entscheiden Sie, ob die Präpositionen den Dativ oder Genitiv fordern.

_____
_____
_____
_____
_____
_____
_____
_____

Workbook

Schritt 3

Nun stellen Sie sich vor, dass Sie gerade von einer Reise nach Berlin zurückgekommen sind.
Beschreiben Sie, wie und mit wem Sie gereist sind, was Sie gesehen und was Sie gemacht haben.
Schreiben Sie mindestens 10 Sätze. Verwenden Sie das Perfekt, Dativ- und Genitivobjekte,
Possessivpronomen und Präpositionen.

_____

_____

_____

_____

_____

_____

_____

_____

_____

_____

_____

_____

_____

_____

_____

_____

_____

_____

_____

_____

_____

_____

_____

_____

_____

_____

_____

_____

ZU BEGINN

Lektion 3

1 **Heute im Fernsehen** Ergänzen Sie diese Sätze in der wöchentlichen Fernsehzeitschrift. Wählen Sie für jede Lücke das richtige Wort aus der Liste.

| Dokumentarfilm | Ereignis | Folge | sich informieren | Zuschauer |

1. Heute Abend um 18 Uhr besprechen wir aktuelle _____ mit unseren Gästen.

2. _____ Sie _____ über Zecken in dieser Natur-Sendung.

3. Was denken _____ über den Wechsel zu Digital-TV? Wir sehen um 19 Uhr die Resultate einer Meinungsumfrage.

4. Schockierend! Verpassen Sie auf keinen Fall diesen _____ über Jugendgewalt!

5. Die nächste _____ der beliebten Fernsehserie sehen Sie hier!

2 **Welches Wort gehört nicht dazu?** Sehen Sie sich die Wörter an, und machen Sie in jeder Reihe einen Kreis um das Wort, das nicht dazugehört. Schreiben Sie dann mit jedem umkreisten Wort einen vollständigen und sinnvollen Satz.

1. das Comicheft / die Zeitung / die Illustrierte / die Monatsschrift

_____

2. die Korrespondentin / der Journalist / der Reporter / der Zuhörer

_____

3. sich informieren / übertragen / erscheinen / senden

_____

4. der Dokumentarfilm / der Schauspieler / der Zeichentrickfilm / die Seifenoper

_____

5. der Bildschirm / die Leinwand / die Liveübertragung / das Radio

_____

3 **Auf dem neuesten Stand bleiben** Beantworten Sie die folgenden Fragen in vollständigen Sätzen.

1. Lesen sie regelmäßig Zeitung oder Nachrichten im Internet?

_____

2. Welchen Teil der Zeitung oder Zeitungswebsite lesen Sie?

_____

3. Wie oft sehen Sie fern?

_____

4. Welche Fernsehprogramme sehen Sie regelmäßig?

_____

5. Was machen Sie sonst, um auf dem Laufenden zu bleiben?

_____

Workbook

4 **Was machen diese Leute?** Schauen Sie sich die Bilder an. Beschreiben Sie, wer diese Menschen sind und was sie machen. Verwenden Sie Wörter aus der Liste unten. Beschreiben Sie jedes Bild in zwei vollständigen Sätzen.

aufnehmen	direkt	das Interview	der/die Reporter(in)
berichten	drehen	der/die Journalist(in)	senden
bleiben	einflussreich	die Nachrichten	die Wochenzeitung

1.   2.

1. _____

_____

2. _____

_____

5 **Meine Mediengewohnheiten** Beschreiben Sie Ihre Mediengewohnheiten. Welche Arten von Medien verwenden Sie? Verwenden Sie Medien zur Unterhaltung (*entertainment*)? Bleiben Sie auf dem neuesten Stand? Wie informieren Sie sich über die Welt und aktuelle Ereignisse? Welche Medienpersönlichkeiten finden Sie am interessantesten (*most interesting*)?

_____

_____

_____

_____

_____

_____

_____

_____

_____

_____

_____

_____

_____

_____

_____

_____

_____

Workbook

KURZFILM

Worst Case – Ein Tag in der Werbung

1 **Verstehen Sie?** Beantworten Sie die folgenden Fragen zum Film *Worst Case – Ein Tag in der Werbung*.

1. Was verlangt Agenturchef Christian von seinen Mitarbeitern am Anfang des Films?

_____

2. Was für einen Werbespot soll die Firma produzieren?

_____

3. Was sagt Christian über Pamelas *Output*?

_____

4. Was kritisieren Christian und Ilona an Florians Idee?

_____

5. Welches Logo sollen die Menschen formen und wo?

_____

6. Was schlägt (*suggests*) Heike vor, wie sie 8.000 Menschen an den Strand bringen können?

_____

7. Wie viel Zeit haben sie, die Werbung zu produzieren?

_____

8. Warum ist Christian am Ende des Films bestürzt (*shocked*)?

_____

2 ***Failure* ist keine *Option***

Am Ende des Films haben Christian und seine Mitarbeiter es nicht geschafft. Warum? Haben sie die richtige Entscheidung getroffen? Stellen Sie sich vor, Sie können den Schluss des Films neu schreiben und drehen. Wie kann das Gespräch zwischen Christian und seinen Mitarbeitern ablaufen? Können sie das Projekt organisieren? Oder werden sie es versuchen und es trotzdem nicht schaffen?

_____

_____

_____

_____

_____

_____

_____

Workbook

STELLEN SIE SICH VOR

Hamburg, Schleswig-Holstein und Mecklenburg-Vorpommern

Die Stadt der Medien Wählen Sie die beste Möglichkeit, um jeden Satz sinnvoll zu ergänzen.

1. Die Hanse hat existiert, um die Kaufleute und deren Waren _____.

   a. aufzuzeichnen   b. zu zerstören (*destroy*)   c. zu schützen

2. Die Hanse war wichtig für die Entwicklung _____.

   a. des Handels   b. des Radios   c. der Seeräuber

3. Im Mittelalter gab es nicht nur Kaufleute, sondern auch _____.

   a. Ritter und   b. Ritter und   c. Korrespondenten
      Wikinger   Journalisten   und Wikinger

4. Lübeck ist zum Sitz der Hanse geworden, da die Stadt _____ liegt.

   a. auf einem Berg   b. an der Ostsee   c. in Norddeutschland

5. Die Hanse verbesserte das Leben in den Hansestädten, weil _____.

   a. Lübeck   b. die Ritter die Städte   c. die Kaufleute feine
      Hauptstadt war   schützten   Waren brachten

6. Nach der Auflösung der Hanse sind Bremen, Hamburg und Lübeck _____.

   a. noch Alliierte geblieben   b. Feinde geworden   c. sehr arm geworden

Entdecken wir...

Ein Blick aus der Höhe Beschreiben Sie das Bild. Was sehen Sie hier? Was können Sie über dieses Bild sagen?

_____

_____

_____

_____

_____

_____

_____

_____

_____

_____

_____

STRUKTUREN

3.1 *Das Präteritum*

1 **Skandal!** Wählen sie die richtige Präteritumsform des Verbs in Klammern.

1. Der politische Skandal _____ (stehen) in den Schlagzeilen.

   a. stand   b. standen   c. gestanden   d. stehe

2. Der Richter _____ (nehmen) Schmiergeld (*bribe*).

   a. nahmen   b. nahm   c. nehmen   d. nimmt

3. Viele Journalisten _____ (berichten) darüber.

   a. berichtete   b. berichtet   c. berichteten   d. berichten

4. Sie _____ (haben) keine Angst vor der Zensur.

   a. hast   b. hattest   c. hatten   d. hattet

5. Ich _____ (denke), dass der Skandal interessant war.

   a. gedacht   b. dachtest   c. denke   d. dachte

6. Komiker _____ (machen) Witze (*jokes*) darüber.

   a. machten   b. machen   c. machtet   d. machte

2 **Nun bin ich klüger** Setzen Sie die richtige Präteritumsform des Verbs in Klammern in die Lücke ein.

1. Vorher _____ (verbringen) ich viel Zeit im Kino.

2. Ich _____ (sehen) auch viele Fernsehsendungen.

3. Dann _____ (erkennen) ich, dass ich wenig über aktuelle Ereignisse wusste.

4. Ich _____ (bleiben) nicht auf dem neuesten Stand.

5. Deswegen _____ (lesen) ich schließlich öfter Zeitung.

6. Bald _____ (wissen) ich viel mehr über die Welt.

3 **Kulturteil der Zeitung** Ergänzen Sie diesen Artikel mit den richtigen Präteritumsformen der Verben aus der Liste unten.

arbeiten	bringen	fliegen	sein	sprechen	üben	verstehen
bekommen	erkennen	laufen	singen	suchen	verlieren	zweifeln

Den Wettbewerb (1) _____ er, doch (2) _____ Sebastian Matthies

immer weiter. Damals (3) _____ er erst 16 Jahre alt. Diese Erfahrung

(4) _____ ihm viel, denn er (5) _____, was man von einem

professionellen Schauspieler erwartet. Sebastian (6) _____ nach Paris und

(7) _____ die Hilfe eines bekannten Theaterlehrers. Jeden Tag (8) _____

er. Ist es die Arbeit wert gewesen? Gestern (9) _____ wir mit dem Schauspieler. „Als

das Studio Hamburg mein Talent (10) _____, (11) _____ ich Arbeit

als Hauptdarsteller in der Krimiserie *Tatort*. Ich (12) _____ nie an meinem Erfolg."

Workbook

4 **Ich bin entschlossen!** Schon als Kinder wussten diese Menschen, in welchen Berufen sie später arbeiten wollten. Ergänzen Sie jeden Satz mit der richtigen Präteritumsform des Verbs in Klammern.

> **Beispiel**
>
> Elke und Sufyan sind Journalisten. Schon als Kinder schrieben sie Artikel für die Lokalzeitung.

1. Thomas ist Synchronsprecher. Schon als Kind (aufnehmen) _____

2. Marco ist Schauspieler. Schon als Teenager (arbeiten) _____

3. Tanja und Judith sind Verlegerinnen. Schon als Schülerinnen (veröffentlichen) _____

   _____

4. Maren ist Fotografin. Schon als Kind (entwickeln) _____

5. Carlo ist Werbeagent. Schon als Schüler (verkaufen) _____

6. Ich bin Professor. Schon als Kind (lesen) _____

5 **Als Journalist(in) arbeiten** Schreiben Sie zwei kurze Zeitungsartikel zu beiden Ereignissen unten. Berücksichtigen Sie (*Consider*) die folgenden Fragen.

- Wer war da?
- Was machten sie?
- Wo war das?
- Wann?
- Warum passierte das?

Ereignis: ein Volkskonzert	Ereignis: ein schwerer Autounfall

6 **Die Entwicklung der Medien** Schreiben Sie einen Meinungsartikel über Ideen und Haltungen gegenüber Medien in älteren Generationen und in Ihrer Generation. Besprechen Sie die Erfahrungen Ihrer Eltern, als sie jünger waren, und Ihre eigenen Erfahrungen. Verwenden Sie das Präteritum.

_____

_____

_____

_____

_____

_____

_____

_____

_____

3.2 Coordinating, adverbial, and subordinating conjunctions

1 **Interview mit dem Star** Ein Journalist interviewt den Schauspieler Alexander Dantès, der den Polizeibeamten Schuhmacher in einer Fernsehsendung spielt. Wählen Sie in jeder Antwort die richtige Konjunktion.

JOURNALIST Herr Dantès, seit wann arbeiten Sie als Schauspieler für die Serie „Der Renner"?
DANTÈS Die Fernsehserie begann, (1) (wann / als) ich 2008 die Uni abschloss.
JOURNALIST Warum hat das Studio Sie für die Rolle ausgewählt?
DANTÈS Ich glaube, mein Aussehen (2) (und / denn) meine Persönlichkeit waren die entscheidenden Faktoren.
JOURNALIST Warum sind Sie als Schauspieler so beliebt?
DANTÈS (3) (Da / Oder) ich so charmant bin, liebt mich jeder.
JOURNALIST Sie kommen aus der Schweiz. Wie finden Sie das Leben in Hamburg?
DANTÈS Mir gefällt die Großstadt nicht so sehr, (4) (sondern / deswegen) möchte ich zurück in die Schweiz.
JOURNALIST Als Richard Schuhmacher müssen Sie den Hamburger Dialekt können.
DANTÈS Ich kann das, (5) (obwohl / bis) es schwer ist.

2 **Ende der Fernsehserie!** Ergänzen Sie diesen Absatz über die letzte Folge einer beliebten Seifenoper.

als   also   oder   sonst   während   wenn

Seit mehr als 10 Jahren sehen Sie sich die beliebte Seifenoper „Alexanderplatz" an,

(1) _____, verpassen Sie nicht die Schlussfolge! Sie freuten sich,

(2) _____ Sara und James heirateten. Sie weinten, (3) _____ sie

sich scheiden ließen. Nun suchen Sie nach Antworten, (4) _____ erfahren Sie nichts.

Bleibt Heinrich bei Nodira (5) _____ kehrt er wieder zu Simona zurück?

(6) _____ Sie bis jetzt „Alexanderplatz" gesehen haben, dürfen Sie die letzte Folge

der Serie nicht verpassen. Donnerstag Abend sehen Sie alles!

3 **Kinder vor dem Fernseher** Bilden Sie aus jedem Satzpaar einen einzigen Satz mit der Konjunktion in Klammern.

1. Eltern lassen ihre Kinder zuschauen. Fernsehen beruhigt (*calms*) Kinder. (weil)

_____

2. Die Kinder schreien dann nicht. Man verletzt sich nicht beim Fernsehen. (außerdem)

_____

3. Die Studios produzieren viele schlechte Sendungen für Kinder. Die Kinder sehen sie gern. (denn)

_____

4. Wissenschaftler überlegen. Pädagogische Kindersendungen sind besser. (ob)

_____

5. Die Kinder sollen nicht vor dem Fernseher sitzen. Sie sollen draußen spielen. (sondern)

_____

4 **Sätze bilden** Bilden Sie Sätze mit den angegebenen Elementen. Passen Sie auf die Wortstellung auf.

1. der Produzent / müssen / langweilig / Talkshow / absetzen (*cancel*) / sonst / die Radiostation / viel Geld / verlieren

_____

2. ich / sehen / kein / Kabelfernsehen / weil / es / sein / zu teuer

_____

3. ich / finden / die Special Effects / langweilig / denn / ich / nur gefallen / interessant / Handlung

_____

4. der Film / sein / spannend / obwohl / der Regisseur / sein / jung

_____

5. wissen / du / dass / die *Bild-Zeitung* / sein / sehr / populär / ?

_____

5 **Mit Konjunktionen antworten** Beantworten Sie jede Frage mit der angegebenen Konjunktion. Seien Sie kreativ!

1. Lesen Sie Nachrichten auf dem Handy? (bevor)

_____

2. Welche Nachrichtensendungen sehen Sie? (dass)

_____

3. Wer ist Ihr(e) Lieblingsschauspieler(in)? (obwohl)

_____

4. Wie heißt Ihr Lieblingsfilm? (denn)

_____

5. Welche Fernsehsendungen finden Sie uninteressant? (seitdem)

_____

6 **Zum Kauf überzeugen** Schreiben Sie ein Drehbuch für eine Fernsehwerbung. Erzählen Sie, wer die Figuren sind, warum sie machen, was sie machen, und was das Produkt ist. Verwenden Sie so viele Konjunktionen wie möglich.

aber	also	da	deswegen	nachdem	weil
als	bis	damit	ehe	und	wenn

_____

_____

_____

_____

_____

_____

_____

3.3 Relative pronouns and clauses

1 **Interview mit einem Politiker** Ergänzen Sie jeden Satz mit dem richtigen Relativpronomen.

1. Das Interview, _____ ich zuhörte, war besonders interessant.

   a. die   b. das   c. dem   d. dessen

2. Der Journalist, _____ das Interview führte, stellte gute Fragen.

   a. den   b. der   c. dem   d. dessen

3. Der Politiker, _____ Ideen sie diskutierten, war nicht so intelligent.

   a. dessen   b. das   c. dem   d. deren

4. Der Journalist nahm das Interview auf, _____ im Dokumentarfilm erscheint.

   a. den   b. dessen   c. dem   d. das

5. Die politische Kritik, _____ der Regisseur im Film zeigt, ist aber unklar.

   a. die   b. der   c. das   d. deren

2 **Nachrichten und Comichefte** Der Journalist Abdul und die Comicheftfanatikerin Anja sprechen über ihre Lesegewohnheiten. Bilden Sie aus jedem Satzpaar einen Satz. Verwenden Sie das richtige Relativpronomen aus der Liste.

der   die   das   den   deren

1. **ANJA** Die Neuigkeiten interessieren mich nicht. Die Journalisten berichten über sie.

   _____

2. **ABDUL** Das Comicheft ist interessant. Du sammelst es. _____

3. **ANJA** Die Comichefte finde ich nicht so gut. Ihre Hauptfiguren sind Superhelden.

   _____

4. **ABDUL** Ich bin aber ein Journalist. Ich versuche immer die Wahrheit zu sagen.

   _____

5. **ANJA** Der Artikel über Brösel war interessant. Du schriebst ihn.

   _____

3 **Die, die ihr Leben riskieren** Ergänzen Sie den Absatz über die Arbeit eines Kriegskorrespondenten mit den richtigen Relativpronomen.

Das Leben eines Kriegskorrespondenten, (1) _____ Leben oft auf dem Spiel steht, kann

interessant sein. Karl Bolourchi, (2) _____ ein Jahr als Korrespondent in Afghanistan

arbeitete, veröffentlicht ein Buch, (3) _____ seine Erfahrungen und Beobachtungen

darstellt. „Die Soldaten, mit (4) _____ ich täglich umging, lernte ich gut kennen. Die

Einwohner des Landes, (5) _____ ich auch jeden Tag sah, waren freundlich, aber nervös",

sagt Bolourchi. Wie begreift (*understands*) er die gefährlichen Situationen, (6) _____

er regelmäßig erlebte? „Manchmal war es nur Glück, (7) _____ mich rettete. Aber trotz

der Gefahr arbeite ich auch jetzt wieder in Afghanistan."

4 **Medien in Bildern** Schauen Sie sich die Fotos an und beantworten Sie die Fragen mit Relativpronomen.

1.

2.

3.

4.

5.

1. Ralf ist Reporter. Worauf bereitet er sich vor? _____

2. Anselm bleibt immer auf dem neuesten Stand. Was liest er? _____

3. Katharina wartet. Wie verbringt sie die Zeit? _____

4. Varja ist Musikerin. In welchem Teil der Zeitung steht der Artikel über ihr Konzert?

_____

5. Björn bleibt nicht auf dem neuesten Stand. Welche Sendung sieht er sich an? _____

_____

5 **Sätze beenden** Ergänzen Sie die Sätze über Medien mit Relativpronomen. Seien Sie kreativ!

1. Ich finde diese Livesendung langweilig, _____

2. Ich möchte lieber den Zeichentrickfilm sehen, _____

3. Doch der Agent liest die Pressemitteilung, _____

4. Ich kann das Interview im Internet lesen, _____

5. Ruf mich, wenn die Sendung kommt, _____

6 **Hansestädte besuchen** Stellen Sie sich vor, Sie und ein(e) Freund(in) bereiten sich auf einen zweiwöchigen Urlaub in Deutschland vor. Sie wollen die Hansestädte erkunden. Verwenden Sie die Informationen aus dem Artikel im Teil **Stellen Sie sich vor** dieser Lektion und schreiben Sie eine E-Mail an Ihre(n) Freund(in), um den Reiseplan zu besprechen. Schreiben Sie ihr, was Sie sehen und machen wollen, und warum. Verwenden Sie Relativpronomen im Nominativ, Akkusativ, Dativ und Genitiv.

_____

_____

_____

_____

_____

_____

_____

_____

AUFSATZ

Schritt 1

Lesen Sie diesen Artikel über Günther Jauch, einen bekannten Deutschen, der in den Medien arbeitet.

Seit den 80er Jahren ist der Journalist und Showmaster Günther Jauch, dessen Vater auch Journalist ist, ein bekanntes Gesicht im Fernsehen für deutsche Zuschauer. Jauch ist Absolvent der Deutschen Medienschule in München. Am bekanntesten ist Jauch für seine Tätigkeit in der Quizsendung *Wer wird Millionär*, die er seit 1999 moderiert (*presents*). Da die Show sehr erfolgreich ist, verdient der Sender damit viel Geld. Als einer der beliebtesten und bekanntesten Deutschen beschützt (*protects*) er sein Familienleben vor den Augen des Publikums; außerdem spendet (*donates*) er einen bemerkenswerten Teil seines Vermögens für philanthropische Zwecke. Wie lange er König der deutschen Quizsendungen bleibt, kann niemand sagen, denn in die Zukunft blicken kann selbst Günther Jauch nicht.

Machen Sie einen Kreis um alle Konjunktionen und Relativpronomen und markieren Sie deren Kasus.

_____

_____

_____

_____

_____

_____

_____

_____

Schritt 2

Beachten Sie, dass dieser Artikel im Präsens geschrieben wurde. Finden Sie alle Vollverben im Text und bilden Sie die zugehörige Präteritumsform.

_____

_____

_____

_____

_____

_____

_____

_____

_____

_____

Schritt 3

Jetzt sind Sie dran! Wählen Sie eine Person, bekannt oder nicht, und schreiben Sie einen Zeitungsartikel mit mindestens 10 Sätzen. Verwenden Sie das Präteritum sowie koordinierende, adverbiale und subordinierende Konjunktionen, Relativpronomen und Relativsätze.

_____

_____

_____

_____

_____

_____

_____

_____

_____

_____

_____

_____

_____

_____

_____

_____

_____

_____

_____

_____

_____

_____

_____

_____

_____

_____

_____

_____

1 **In den Sommerferien** Sabine und Tobias besprechen die kommenden Ferien. Ergänzen Sie den Dialog mit den richtigen Wörtern aus der Liste unten.

Abfahrtszeit	mieten	segeln	Strand	wandern
angenehm	Pension	Skiurlaubsort	Surfbrett	Wohnmobil
Ferienort	Segelboot	sonnenbaden	surfen	Zelt

SABINE Diesen Sommer möchte ich ein (1) _____ (2) _____. Wir können überall in Frankreich campen und wir brauchen kein (3) _____.

TOBIAS Campen gefällt mir nicht. Ich habe keine Lust, im Wald zu (4) _____ und schlechtes Essen zu kochen.

SABINE Ach, ich weiß. Du liebst das Meer. Du willst (5) _____ und (6) _____.

TOBIAS Das mache ich gern, aber ein (7) _____ ist teuer. Ich habe doch ein (8) _____!

SABINE Aber ich kann nicht (9) _____.

TOBIAS Das kann ich dir beibringen! Am Strand ist es so (10) _____. Im Wald gibt es nur Mücken.

SABINE Schon gut. Ich komme mit. Aber im Winter wähle ich den (11) _____ aus.

TOBIAS Wunderbar! Du kennst den besten (12) _____.

2 **Ferien-Aktivitäten** Wählen Sie den richtigen Ausdruck für jedes Bild.

a.

b.

c.

d.

e.

f.

_____ 1. der Ausflug   _____ 4. das Bergsteigen

_____ 2. der Ferienort   _____ 5. das Segeln

_____ 3. Schlange stehen   _____ 6. die Bordkarte

Workbook

Workbook

3 Im Reisebüro Stellen Sie sich vor, Sie sind im Reisebüro. Beantworten Sie die folgenden Fragen.

1. Wann haben Sie Urlaub? Im Sommer, Herbst, Winter oder Frühling?

_____

2. Wie lange können Sie unterwegs sein?

_____

3. Wohin möchten Sie reisen?

_____

4. Was möchten Sie während des Urlaubs machen? Wollen Sie kulturelle Sehenswürdigkeiten besichtigen? Einen Aktivurlaub? Oder vielleicht eine Abenteuerreise?

_____

5. Wie möchten Sie reisen? Mit dem Schiff? Mit dem Zug? Mit dem Auto? Oder mit dem Fahrrad?

_____

4 Unterwegs und vor Ort Beschreiben Sie in zwei Sätzen, was die Menschen auf den Fotos machen.

1.  2.  3.

1. _____

_____

2. _____

_____

3. _____

_____

5 Was macht Ihnen Spaß? Beschreiben Sie, was Ihnen Spaß macht, wenn Sie Urlaub machen.

_____

_____

_____

_____

_____

_____

_____

_____

KURZFILM

Björn oder die Hürden der Behörden

1 **Verstehen Sie?** Beantworten Sie die folgenden Fragen.

1. Was ist mit Björns Reisepass problematisch?

_____

2. Wie viel Zeit hat Björn, bis das Flugzeug abfliegt?

_____

3. Wie könnte man Björn am besten beschreiben? Chaotisch oder organisiert?

_____

4. Es gibt ein weiteres Problem mit seinem Reisepass. Was stimmt nicht im Pass?

_____

5. Wohin reist Björn? In welchem Jahr ist Herr Schnitzelhuber dort gewesen?

_____

6. Was fehlt Björn in der U-Bahn? Warum kommt er auf die Polizeiwache?

_____

7. Warum kommt Björn in die Abschiebehaft?

_____

8. Wie lange müssen die Passagiere warten, bis das Flugzeug abfliegt?

_____

2 **Die Zukunft von Björn und Anja**

Eine deutsche Abkürzung lautet SSKM. Das heißt „Selber schuld, kein Mitleid". Was meinen Sie? Inwiefern ist Björn „selber schuld"? Haben Sie Mitleid mit ihm? Björn hat Angst, dass seine Freundin ihn verlassen wird. Sollte sie ihn verlassen? Wenn Björn und Anja in der Türkei ankommen, was wird weiter passieren? Wird ihnen die Reise Spaß machen oder wird es weitere Probleme geben?

_____

_____

_____

_____

_____

_____

_____

_____

Workbook

STELLEN SIE SICH VOR

Bremen, Niedersachsen und Nordrhein-Westfalen

Richtig oder falsch? Markieren Sie **richtig** oder **falsch** für jede Aussage. Stellen Sie die falschen Sätze richtig.

Richtig　**Falsch**

○　　　○　　1. Man kann mit dem Auto nach Wangerooge fahren.

_____

○　　　○　　2. Auf Wangerooge kann man mit der Inselbahn oder mit dem
　　　　　　　　 Fahrrad fahren.

_____

○　　　○　　3. Ein preiswerter Urlaub ist auf einer ostfriesischen Insel möglich.

_____

○　　　○　　4. Eine Statue der Bremer Stadtmusikanten steht außerhalb der
　　　　　　　　 Stadt Bremen.

_____

○　　　○　　5. Es gibt viele kulturelle Aktivitäten im Ruhrgebiet.

_____

○　　　○　　6. Es lohnt sich nicht, den Dom in Köln zu sehen.

_____

Entdecken wir...

Ein Bild des Karnevals Beschreiben Sie das Foto. Was ist das? Was wissen Sie über den Mann auf dem Bild?

_____

_____

_____

_____

_____

_____

_____

_____

_____

_____

STRUKTUREN

4.1 *Das Futur*

1 **Klaus fährt ab** Klaus hat vor, im Urlaub nach Bremen zu reisen. Ergänzen Sie die folgenden Sätze mit den richtigen Formen der Verben.

1. Die Ferien _____ bald anfangen.

   a. wird   b. werden   c. werdet   d. werde

2. Klaus _____ mit dem Zug nach Bremen fahren.

   a. wird   b. werde   c. wirst   d. werden

3. Dort _____ er seine Freundin Anna besuchen.

   a. werdet   b. wirst   c. werden   d. wird

4. Klaus und Anna _____ zum Strand gehen.

   a. wirst   b. wird   c. werden   d. werdet

5. „_____ ihr den kleinen Björn mitnehmen?", fragt Annas Mutter.

   a. werdet   b. wird   c. werden   d. wirst

6. „Nächstes Mal _____ wir ihn mitnehmen", antworten Klaus und Anna.

   a. wird   b. werden   c. wirst   d. werdet

2 **Marco schreibt an seine Freundin** Ergänzen die E-Mail mit den richtigen Futurformen der Verben in Klammern.

Von: werner003@uni-bremen.de
An: dtimperatrix@gmx.de
Betreff: Katastrophe!

Liebe Dorothea,

ich (1) _____ dich in der Schweiz nicht _____ (sehen)! Meine Eltern (2) _____ mich hier in Bremen _____ (behalten). An der Nordsee zu sein, ist nicht allzu schlecht, doch wir (3) _____ uns nicht _____ (treffen)! Stattdessen (4) _____ meine Eltern und ich eine Schiffsreise nach Wangerooge _____ (machen). Da es auf Wangerooge keine Autos gibt, (5) _____ wir Fahrräder _____ (mieten). Ich (6) _____ auf jeden Fall in der Sonne _____ (liegen). In den Alpen (7) _____ du stets im Wald _____ (arbeiten). Ich glaube, meine Bräune (8) _____ besser _____ (sein) als deine! Oder (9) _____ ihr Praktikanten Zeit für einen Ausflug ans Meer _____ (haben)? Es tut mir Leid, dass ich nicht bei dir sein kann. Meine Eltern (10) _____ meine Tickets nicht _____ (bezahlen) und ich will nicht jobben. Ich (11) _____ eine Sandburg für dich _____ (bauen). (12) Dich _____ ich stark _____ (vermissen)! Tschüss!

Dein Marco

3 **Bezahlen wir dafür?** Schreiben Sie die Sätze im Präsens ins Futur um.

1. Wir reisen diesen Sommer nach Wangerooge.

   _____

2. Wo verbringst du den Sommer?

   _____

3. Wie bezahlst du für diese Reise?

   _____

4. Arbeitest du wieder beim Kaufhof Breuniger?

   _____

5. Eine Reise in die Schweiz ist teuer.

   _____

6. Am besten kommst du mit uns nach Wangerooge.

   _____

4 **Wie sieht die Zukunft aus?** Ihrer Meinung nach, wie wird der Tourismus in 100 Jahren funktionieren? Beantworten Sie die folgenden Fragen.

1. Wohin werden Touristen reisen?

   _____

2. Wie werden sie reisen?

   _____

3. Welche Art Kraftstoff (*fuel*) werden sie brauchen?

   _____

4. Was werden sie in den Urlaub mitnehmen?

   _____

5. Welche Sehenswürdigkeiten werden am bekanntesten sein?

   _____

6. Wie viel Zeit werden sie im Urlaub verbringen können?

   _____

5 **Nächsten Sommer** Wohin werden Sie in den nächsten Sommerferien verreisen? Wie werden Sie Ihre Zeit verbringen? Mit wem werden Sie reisen? Schreiben Sie mindestens fünf Sätze.

_____

_____

_____

_____

_____

_____

4.2 Adjectives (Part 1)

1 **Köln besuchen** Wählen Sie die richtige Form des Adjektivs.

1. Die (kurze / kurzen) Reise nach Köln lohnt sich.
2. Der (alter / alte) Dom steht gleich neben dem Bahnhof.
3. Den (berühmtem / berühmten) Dreikönigenschrein muss man unbedingt sehen.
4. Wir können auch einen (schönem / schönen) Spaziergang durch die Innenstadt machen.
5. Erst sollten wir ein (interessante / interessantes) Museum besuchen.
6. Das Römisch-Germanische Museum verfügt über (*has*) viele (exotische / exotischen) Artefakte.
7. Kommt man in der Karnevalszeit, trifft man auf einen (verrückten / verrückter) Umzug.
8. Mit dem (preisgünstigem / preisgünstigen) Schönes-Wochenende-Ticket kommt man billig, aber langsam nach Hause.

2 **Tourismus im Ruhrgebiet** Ergänzen Sie die Broschüre über das Ruhrgebiet mit den richtigen Formen der Adjektive in Klammern.

Kommen Sie in die (1) _____ (spannend) Kulturhauptstadt Europas! Dieses

(2) _____ (ehemalig) Industriegebiet hat sich zum (3) _____ (neu)

Zentrum der Freizeit- und Erlebniskultur gewandelt. Interessieren Sie sich für Sport? Die Veltins-

Arena ist ein (4) _____ (modern) Fußballstadion. Kultur? Das Folkwang Museum

bietet (5) _____ (wunderbar) Kunstausstellungen. Geschichte? Hier finden Sie

(6) _____ (alt) Industriearchitektur, die zu (7) _____ (faszinierend)

Nachtleben erwacht. Was Sie suchen, ist einerlei – bei uns finden Sie die Erfüllung Ihrer

(8) _____ (großartig) Träume.

3 **Die Tugend des Ökotourismus** Schreiben Sie Sätze mit den angegebenen Elementen.

> **Beispiel**
>
> Ökotourismus / sein / eine / spannend / Reisemöglichkeit
> **Ökotourismus ist eine spannende Reisemöglichkeit.**

1. ich / wählen / das / sinnvoll / Reisemittel

_____

2. Ökotourismus / sein / nicht nur / für / jung / Reisende

_____

3. ich / bewahren / die / natürlich / Schönheit der Gegend

_____

4. wahr / Genuss / stammen / von / echt / Erleben

_____

5. du / lernen / von / örtlich / Sitten (*traditions*)

_____

6. ander / Touristen / wollen / ein / laut / Diskoabend

_____

Workbook

Workbook

4 **Wie verbringen Sie den Urlaub?** Beantworten Sie die Fragen mit Adjektiven.

1. Haben Sie irgendwann einen schlechten Urlaub erlebt? Wohin wollten Sie reisen, wie und mit wem?

_____

_____

2. Was ging während der Reise schief?

_____

_____

3. Wie haben Sie und Ihre Mitreisenden reagiert?

_____

_____

4. Wann haben Sie einen sehr schönen Urlaub gehabt? Wohin wollten Sie reisen, wie und mit wem?

_____

_____

5. Warum war die Reise gut?

_____

_____

_____

5 **Eine Marketingbroschüre für die Stadt** Sie arbeiten für eine Marketingfirma. Die Bürgermeisterin möchte eine Broschüre für das Tourismusbüro. Schreiben Sie die Broschüre mit so vielen Adjektiven wie möglich. Verwenden die Adjektive unten.

aktiv	echt	fabelhaft	schön
angenehm	einzigartig	interessant	spektakulär
bekannt	exotisch	modern	wunderbar

_____

_____

_____

_____

_____

_____

4.3 Adjectives (Part 2)

1 **Karneval in Düsseldorf** Ergänzen Sie die Sätze mit den richtigen Formen der Adjektive.

1. In Düsseldorf wird Karneval mit einer _____ Portion (*f.*) Humor gefeiert.

    a. guter   b. gute   c. gutem   d. guten

2. _____ Karnevalssaison beginnt am 11.11. um 11.11 Uhr.

    a. Jeder   b. Jedem   c. Jedes   d. Jede

3. Der Hoppeditz ist das _____ Symbol des Karnevals.

    a. närrischen   b. närrische   c. närrisches   d. närrischem

4. Er wartet im _____ Senftöpfchen.

    a. riesige   b. riesiger   c. riesigem   d. riesigen

5. Ein _____ Umzug findet am Rosenmontag statt.

    a. großer   b. großes   c. große   d. großen

2 **Der kommende Sommer** Ergänzen Sie den Dialog mit den richtigen Formen der Adjektive aus der Liste.

> entspannend   interessant   organisiert   schön   spannend   wertvoll

DOROTHEA Mein Freund verbringt diesen Sommer auf Wangerooge, einer (1) _____ Nordseeinsel.

SOPHIA Macht er dort eine (2) _____ Aktivreise?

DOROTHEA Ja, er wird sich entspannen und jeden Tag so nehmen, wie er kommt. Ich aber werde einen (3) _____ Sommer der Arbeit verbringen. Ich habe einen (4) _____ Sommer in der Schweiz vor. Ich werde ein (5) _____ Praktikum (*internship*) machen.

SOPHIA Wunderbar! Du wirst viele (6) _____ Erfahrungen (*experience*) sammeln.

3 **Beschreibung der Karnevalszeit** Beantworten Sie die folgenden Fragen. Der unterstrichene Satzteil muss in der Antwort das Subjekt sein.

> **Beispiel**
>
> Lassen Männer am Altweibertag die langen Krawatten zu Hause?
> *Die langen Krawatten bleiben am Altweibertag zu Hause.*

1. Wird Karneval überall in deutschsprachigen Ländern gefeiert?

    Ja. _____

2. Haben die Düsseldorfer neugierige Besucher während der Karnevalszeit gern?

    Ja. _____

3. Bringen die Frauen am Altweibertag scharfe Scheren mit?

    Ja. _____

4. Endet Karneval vor der nüchternen Fastenzeit?

    Ja. _____

Lektion 4 Workbook   **45**

4 **Was machen diese Menschen?** Schauen Sie sich die Bilder an und schreiben Sie zu jedem Bild einen Satz, der es beschreibt. Verwenden Sie die Adjektive aus der Liste.

angenehm	entspannend	interessant	spannend
anstrengend	exotisch	lang	verspätet
einzigartig	frustriert	schön	zivilisiert

1. _____

2. _____

3. _____

4. _____

5. _____

6. _____

5 **Die Zeit verbringen** Verwenden Sie Adjektive, um diese Aktivitäten zu beschreiben.

Aktivität: eine Woche auf einer Kreuzfahrt verbringen	**Aktivität:** einen Tag in der Großstadt verbringen
Beschreibung: _____ _____ _____ _____	Beschreibung: _____ _____ _____ _____

6 **Karneval in Düsseldorf** Stellen Sie sich vor, Sie sind Tourist(in) während der Karnevalszeit in Düsseldorf. Schreiben Sie Ihre Eindrücke der Stadt mit Adjektiven auf. Schauen Sie sich die Artikel im Teil dieser Lektion **Stellen Sie sich vor** an.

_____

_____

_____

_____

AUFSATZ

Schritt 1

Lesen Sie diesen Aufsatz, in dem Stefan erklärt, wohin er dieses Jahr reisen will, was er während seiner nächsten Ferien machen wird, und wie er dahin kommt. Welche Tempora verwendet Stefan? Machen Sie einen Kreis um jedes Verb. Welches Tempus ist das?

Tag! Ich bin Stefan Gutmeyer. Letzten Sommer habe ich eine entspannende Kreuzfahrt mit meiner Frau zur schönen Insel Kuba gemacht. Problematisch war aber, dass die langsame Fahrt über den Atlantischen Ozean zu lange gedauert hat. Dann verzögerte sich die Fahrt noch zwei weitere Tage, weil das alte Schiff Reparaturen brauchte – und ich musste doch unbedingt zurück an meinen Arbeitsplatz! Dieses Jahr fliegen wir. Wir machen einen kurzen, einfachen Urlaub in den USA. Minnesota haben wir noch nie gesehen und ich möchte den Oberen See mit dem Kajak erkunden. Doch nach diesem Jahr haben wir keine große Lust, wieder amerikanische Länder zu besuchen. Ich habe Lust auf etwas Spannendes – etwas im Fernen Osten! Wir werden mit der transsibirischen Eisenbahn nach Wladiwostok fahren! Wir werden dann auch den berühmten Baikalsee besichtigen. Von dort werden wir nach Japan fliegen. Dort können wir Tokio und Kioto besuchen. Zurück nach Deutschland werden wir aber nicht den Zug nehmen. Eine sehr lange Fahrt ist genug! Nach Hause werden wir fliegen.

_____

_____

_____

_____

_____

_____

_____

_____

_____

_____

Schritt 2

Lesen sie den Aufsatz noch einmal. Machen Sie einen Kreis um jedes Adjektiv. Erklären Sie jede Adjektivendung.

_____

_____

_____

_____

_____

_____

_____

_____

_____

_____

Schritt 3

Nun sind Sie dran! Beschreiben Sie, wo und wann Sie nächsten Sommer Urlaub machen werden, was Sie unternehmen werden, und wie Sie dorthin kommen. Schreiben Sie mindestens 10 Sätze. Verwenden Sie das Futur und Adjektive.

_____

_____

_____

_____

_____

_____

_____

_____

_____

_____

_____

_____

_____

_____

_____

_____

_____

_____

_____

_____

_____

_____

_____

_____

_____

ZU BEGINN

Lektion 5

1 **Was passt zusammen?** Wählen Sie zu jedem Wort auf der linken Seite ein verwandtes Wort auf der rechten Seite.

_____ 1. der Schriftsteller   a. der Aufsatz

_____ 2. die Bildhauerin   b. der Roman

_____ 3. der Maler   c. das Theaterstück

_____ 4. der Dramatiker   d. das Musical

_____ 5. der Essayist   e. das Porträt

_____ 6. die Komponistin   f. die Skulptur

2 **Ihr neuer Roman** Ergänzen Sie diese Rezension über einen neuen Roman mit dem richtigen Wort aus der Liste unten.

avantgardistisch	Meisterwerk	Schriftstellerin
Figuren	Novelle	spielen
Handlung	Roman	tragisch

Die (1) _____ Anita Holke hat sich mit ihren kurzen Schriften als fähige

Erzählerin erwiesen. Die (2) _____ *Merkur* ist ein kleines (3) _____

der Erzählkunst. Im Genre des langen Romans aber stößt ihre Kunst an ihre Grenzen (*reach its*

limits). Der (4) _____ heißt *Unendliche Kraft* und schon nach wenigen Seiten

versteht der Leser, dass nicht die (5) _____ im Buch über „unendliche Kraft"

verfügen (*have at disposal*), sondern ihre Gestalterin (*designer*), die beinahe endlos schreiben kann.

Die (6) _____ ist schwer zu beschreiben, da sie sehr (7) _____

ist. Der (8) _____ Tod eines Bahnarbeiters verursacht (*caused*) eine (unendliche)

Reihe schwieriger Situationen. Positiv an diesem Buch ist der Schauplatz: Die Geschichte

(9) _____ in Kiel, und zwar im Jahr 1920. Durch Holkes schöne Beschreibungen

kann man sich die Stadt sehr genau vorstellen.

3 **Welche Künste sehen Sie?** Ordnen Sie jedem Ausdruck das richtige Bild zu.

a.   b.   c.   d.

_____ 1. Oliver, Jan und Sascha sind Musiker.

_____ 2. Marta ist Malerin.

_____ 3. Sven liest gern Romane.

_____ 4. Tanja und Karen üben (*practice*) für das Orchester.

Workbook

4 **Interessieren Sie sich für Kunst?** Beantworten Sie die folgenden Fragen in vollständigen Sätzen.

1. Welche Künste (z.B. Literatur, Drama, bildende Künste) gefallen Ihnen?

   _____

2. Haben Sie eine(n) Lieblingsschriftsteller(in) oder Dichter(in)? Wie heißt er oder sie?

   _____

3. Haben Sie eine(n) Lieblingsmaler(in)? Wie heißt er oder sie?

   _____

4. Gehen Sie manchmal, oft oder nie ins Theater? Was sehen Sie dort gern oder nicht gern?

   _____

5. Sind Sie auch Künstler(in) oder kennen Sie einen Künstler/eine Künstlerin? Was machen Sie oder
   was macht er/sie?

   _____

   _____

5 **Wer sind sie?** Schauen Sie sich die Bilder an und geben Sie zu jedem Bild eine kurze Beschreibung.
Wer sind die Menschen auf den Bildern?

1.      2.      3.

1. _____

   _____

2. _____

   _____

3. _____

   _____

6 **Aus dem Vorlesungsverzeichnis** Sie studieren ein Semester an einer deutschen Universität.
Sie müssen mindestens einen der folgenden Pflichtkurse über Literatur, Drama oder Kunst belegen.
Schreiben Sie einen Absatz und erklären Sie, welchen Kurs Sie belegen und warum.

- Literatur der Weimarer Republik
- Einführung in die Musikwissenschaft
- Die Skulptur der hellenistischen Zeit
- Theater im 18. Jahrhundert

_____

_____

_____

_____

_____

KURZFILM

Artgerecht

1 **Verstehen Sie?** Beantworten Sie die folgenden Fragen zum Dokumentarfilm *Artgerecht*.

1. Wie viele Ateliers und Arbeitsräume gibt es im KuBa für Künstler?

_____

2. Michaela Kilper-Beer beschreibt die Künstler, die im KuBa wohnen. Welche Kunstarten erwähnt sie? Nennen Sie mindestens drei.

_____

3. Frau Kilper-Beer erzählt, dass die Künstler im KuBa aus allen Nationen kommen. Welche Nationalitäten nennt sie?

_____

4. Was bekommt Petra im KuBa, das sie nicht bekommt, wenn sie allein arbeitet?

_____

5. Was heißt Multikulti für Sigrun? Warum ist Multikulti wichtig für sie?

_____

6. Seit wann beschäftigt sich Sigrun mit Kunst?

_____

7. Was wünschen sich Petra und Sigrun für die Zukunft?

_____

8. Wann kann das Publikum das Haus besuchen und Kunst betrachten?

_____

2 **Freiheit, Gerechtigkeit... und Kunst?**

Der Dokumentarfilm heißt *Artgerecht*. Eigentlich beschreibt der Begriff die natürliche Haltung von Tieren. Im KuBa leben aber keine Tiere. Warum also hat der Filmemacher diesen Titel gewählt? Was kann „artgerecht" sonst bedeuten und was hat das mit dem Inhalt des Films zu tun? Sind Künstler eine „Tierart", die sich in verschiedenen Situationen auch verschieden verhält? Wenn ein Künstler oder eine Künstlerin sich „artgerecht" benimmt, ist das positiv oder negativ? Wenn sie zusammen arbeiten, sind die Resultate dann unbedingt besser?

_____

_____

_____

_____

_____

_____

_____

STELLEN SIE SICH VOR

Österreich

Die Schönheit und Kultur Österreichs Ergänzen Sie die Sätze mit den richtigen Wörtern aus
der Liste unten.

Bodensee	Kaffeehaus	Mittelalter	Skiort
Dialekt	Luft	Reich	Wunderkind

1. In Salzburg ist die Geschichte des _____ noch zu sehen.

2. Als Komponist und Musiker war Mozart ein _____.

3. Wien war das Zentrum des Habsburger _____.

4. Im österreichischen _____ kann man eine Melange trinken.

5. Bekannte _____ befinden sich in der Nähe des Wörthersees.

6. Die _____ in den Alpen ist klar und gesund.

7. Bregenz ist eine kleine Stadt, die am _____ liegt.

8. Der österreichische _____ ist nicht leicht zu sprechen.

Entdecken wir...

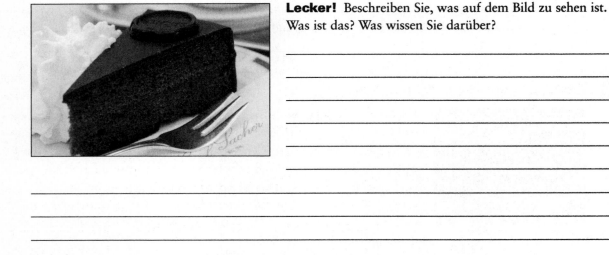

Lecker! Beschreiben Sie, was auf dem Bild zu sehen ist.
Was ist das? Was wissen Sie darüber?

_____

_____

_____

_____

_____

_____

_____

_____

_____

_____

_____

_____

_____

_____

_____

_____

_____

STRUKTUREN

5.1 Modals

1 **Laura will Kunst schaffen** Laura ist Künstlerin und arbeitet viel... vielleicht zu viel. Ergänzen Sie jeden Satz mit der richtigen Präsensform des Modalverbs.

1. Laura _____ (willst / will) zwei Gemälde malen.

2. Die Gemälde _____ (sollen / sollt) lebendige Farben haben.

3. Laura _____ (kann / können) auch Skulpturen hauen (*carve*).

4. Sie _____ (darfst / darf) nur während des Tages arbeiten.

5. Die Nachbarn _____ (mögen / mögt) nicht, wenn sie laut arbeitet.

6. Laura _____ (könnt / kann) nicht alle Kunstwerke schaffen, die sie vorhat (*intends*).

2 **Freiheit der Kunst** James ist ein Maler aus einem Land, das Kunstwerke zensiert. Nun lebt er in Österreich. Ergänzen Sie den Absatz mit der richtigen Präteritumsform des Verbs in Klammern.

Seit langem (1) _____ (wollen) ich ohne Zensur malen. In meinem Heimatland

(2) _____ (müssen) ich entweder unpolitisch malen oder ich (3) _____

(können) meine Gemälde nicht öffentlich zeigen. Niemand (4) _____ (wollen) meine

Arbeit unterstützen (*support*). Das Publikum (5) _____ (dürfen) meine Kunstwerke

nicht sehen. Schließlich (6) _____ (müssen) ich mein Heimatland verlassen. Als ich in

Österreich ankam, (7) _____ (können) ich als Künstler meinen Lebensunterhalt (*living*)

zunächst nicht verdienen. Doch später (8) _____ (sollen) ich Tag und Nacht malen.

3 **Was tun?** Sehen Sie sich die Bilder an. Schreiben Sie mit dem angegebenen Modalverb, was die Person auf dem Bild machen darf, muss, soll, kann oder will.

> **Beispiel**
>
> Wolfgang / wollen
> **Wolfgang will *eine Novelle schreiben.***

1.   2.   3.   4.

1. Martina und Bernard / können _____

2. Die Studenten / sollen _____

3. Johann / müssen _____

4. Aretha / mögen _____

Workbook

4 **Arbeit statt Spaß** Sie sprechen mit Freunden über ein Wochenende, an dem viel los war. Schreiben Sie auf, was jede Person während des Wochenendes machen wollte und was sie stattdessen machen musste.

> **Beispiel**
>
> Sayim
> *Sayim wollte am Sonntag ins Museum gehen, aber er musste einen Aufsatz schreiben.*

1. Frederika und Peter _____

2. Tanja _____

3. Ich _____

4. Du und Sebastian _____

5. Minsun _____

6. Wir _____

5 **Kunst und Bildung** Ist es notwendig, Kunst und Literatur kennen zu lernen? Beantworten Sie die folgenden Fragen mit verschiedenen Modalverben.

1. Müssen gebildete (*educated*) Menschen sich mit Kunst auskennen?

   _____

2. Welche Bücher soll jeder gebildete Mensch gelesen haben?

   _____

3. Welche Künste möchten Sie besser kennen?

   _____

4. Welche Künstler muss ein gebildeter Mensch kennen?

   _____

5. Wo kann man Kunst sehen?

   _____

6. Was muss man sonst machen, damit man sich mit Kunst gut auskennt?

   _____

6 **Österreich besuchen** Ihre deutsche Brieffreundin Lisa besucht nächsten Monat Österreich. Sie werden mit ihr eine Woche dort verbringen. Lesen sie den Artikel im Teil **Stellen Sie sich vor** dieser Lektion und schreiben Sie ihr eine E-Mail. Erzählen Sie, was Sie und Lisa in Österreich machen wollen, müssen, können und sollen, während Sie dort sind. Schreiben Sie mindestens sechs Sätze.

_____

_____

_____

_____

_____

_____

5.2 Comparatives and superlatives

1 **Besser geschrieben** Ein Kritiker vergleicht Literatur. Lesen Sie jeden Satz und markieren Sie, ob der Satz eine Ungleichheit, Gleichheit oder einen Superlativ ausdrückt.

1. Jan Kratzels neuer Roman ist so gut wie sein erster.
2. Ulrika Nettlaus' zweite Novelle ist interessanter als die erste.
3. Fayeed Rauf hat das beste Buch des Jahres geschrieben.
4. Markus Lewins Gedichte sind die schlechtesten Strophen, die ich je gelesen habe.
5. Andreas Libermans Kriminalroman ist das spannendste Buch, das ich je gelesen habe.
6. Trotzdem sind Libermans Theaterstücke realistischer als seine Romane.

	Gleichheit	Ungleichheit	Superlativ		Gleichheit	Ungleichheit	Superlativ
1.	○	○	○	4.	○	○	○
2.	○	○	○	5.	○	○	○
3.	○	○	○	6.	○	○	○

2 **Axel und Nadezda in Wien** Axel und Nadezda sprechen über Cafés und Kunst in Wien. Schreiben Sie die richtige Komparativ- oder Superlativform des Adjektivs in Klammern in die Lücke.

NADEZDA Was machst du denn hier in Wien?

AXEL Kennst du MAK?

NADEZDA Na klar! Das ist das (1) _____ (bekannt) Kunstmuseum Österreichs.

AXEL Genau. Diesen Sommer arbeite ich dort als Praktikant.

NADEZDA Das ist ja super! Du bist der (2) _____ (interessant) Künstler, den ich kenne. Hast du dort eine Ausstellung?

AXEL Mach keine Witze (*joke*). Meine Gemälde kann man in einem (3) _____ (klein) Kunsthaus finden. Willst du ein Exemplar sehen? Ich kann dir mein Selbstporträt auf dem Handy zeigen. Es ist mein (4) _____ (schön) Werk. Das bin ich als ein (5) _____ (primitiv) Lebewesen.

NADEZDA Genial! Mir gefallen aber besonders deine (6) _____ (alt) Gemälde.

3 **Kunst vergleichen** Schreiben Sie Sätze über Kunst mit Gleichheitskomparativ (=), Ungleichheitskomparativ (+ / −) oder Superlativ (++).

Beispiel

> Beethovens 9. Sinfonie / schön (++) / Orchesterstück der Geschichte
> *Beethovens 9. Sinfonie ist das schönste Orchesterstück der Geschichte!*

1. die Totenmaske des Tutanchamun / alt (+) / alle griechische Kunst

   _____

2. Giottos Gemälde / kreativ (+) / die seiner Zeitgenossen

   _____

3. Hieronymus Bosch / realistisch (=) / Picasso / gemalt haben

   _____

4. *Krieg und Frieden* / lang (++) / russischer Roman des 19. Jahrhunderts

   _____

5. die Erzählungen von Franz Kafka / lang (−) / die von Marcel Proust

   _____

Workbook

4   **Geschmäcke** Wählen Sie Adjektive aus der Liste unten, die Rockmusik und klassische Musik beschreiben. Schreiben Sie mit jedem Adjektiv einen Satz im Komparativ oder Superlativ.

| gut | langweilig | primitiv | schön |
| kompliziert | laut | ruhig | spannend |

Rockmusik	Klassische Musik
_____	_____
_____	_____
_____	_____
_____	_____

_____

_____

_____

_____

_____

_____

5   **Skulpturen beschreiben** Sehen Sie sich die Bilder an und schreiben Sie mindestens sechs Sätze mit Gleichheitskomparativ, Ungleichheitskomparativ und Superlativ.

_____

_____

_____

_____

_____

_____

_____

_____

5.3 *Da-* and *wo-*compounds; prepositional verb phrases

1 **Das Musikfestival** Die Salzburger Festspiele finden jedes Jahr in Salzburg statt. Dort braucht man nicht nur Profis, sondern auch studentische Mitarbeiter. Wählen Sie für jeden Satz die richtige Präposition.

An:	Lynne.Leslowski@gmx.de
Von:	kath.fuger@salzburgfestival.at
Betreff:	Achten Sie (1) (für / auf) die Frist.

Sehr geehrte Frau Leslowski,

wie Sie wissen, bereiten wir uns (2) (auf / für) die Festspiele vor. Sie haben sich (3) (um / an) eine befristete Arbeitsstelle beworben. Dazu müssen Sie zwei Wochen vor Beginn des Festivals (4) (in / an) einem Trainingsseminar teilnehmen. Wir haben noch nichts von Ihnen gehört. Wir bitten Sie (5) (für / um) eine Antwort: Werden Sie (6) (bei / an) diesem Projekt mitarbeiten? Wenn Sie nicht in Salzburg wohnen, können Sie während des Seminars (7) (in / über) der Jugendherberge wohnen. Wir verlassen uns (8) (mit / auf) Sie.

Mit freundlichen Grüßen

Katharina Fuger

2 **Dalajas Roman** Bilden Sie einen neuen Satz, indem Sie den unterstrichenen Ausdruck mit dem richtigen **da**-Kompositum ersetzen.

> **Beispiel**
>
> Dalaja ist stolz <u>auf ihren Roman</u>.
> **Sie ist stolz darauf.**

1. Sie hat einen Roman <u>über Traum und Wirklichkeit</u> geschrieben.

   _____

2. Dalaja hat oft <u>an das Thema</u> gedacht.

   _____

3. Der Roman besteht <u>aus zehn langen Briefen</u>.

   _____

4. Sie interessiert sich seit langem <u>für den Briefroman</u>.

   _____

5. Sie hat sich immer vor und nach der Arbeit <u>mit dem Roman</u> beschäftigt.

   _____

3 **Hä...? Wie war das?** Ihr Freund erzählt Ihnen, was er während seines Besuchs in Österreich gemacht hat. Sie sind aber nicht ganz sicher, ob Sie ihn richtig verstanden haben. Bitten Sie um eine Wiederholung seiner Aussagen. Verwenden Sie die richtige Form der **wo**-Komposita.

1. Ich habe erst etwas <u>über die Stadt</u> gelesen.

   _____

2. Ich habe den Reiseplan <u>mit dem Rechner</u> gemacht.

   _____

3. Ich habe besonders <u>auf mögliche Verspätungen</u> geachtet.

   _____

4. Der ganze Reiseplan hing <u>von einer knappen Zeit zum Umsteigen</u> ab.

   _____

5. Ich halte Wien <u>für die schönste Stadt Europas</u>.

   _____

Lektion 5 Workbook **57**

4   **Liebe in der Bibliothek** Sehen Sie sich die Bilder unten an und schreiben Sie eine Erzählung über Marcia und Helmut. Verwenden Sie die Ausdrücke aus der Liste.

achten auf	fragen nach	klagen über	streiten über
danken für	gehen um	leiden an	verzichten auf
denken an	halten für	schützen vor	zweifeln an

_____
_____
_____
_____
_____
_____
_____
_____
_____
_____
_____
_____
_____
_____

5   **Das Geplauder** Schreiben Sie kurze Gespräche mit den angegebenen Verben in Klammern.

Beispiel

ORHAN (teilnehmen): *Ich möchte am Seminar teilnehmen.*

1. **SANDRA** (bestehen): _____

   LEO (antworten): _____

2. **PAUL** (achten): _____

   ELISA (danken): _____

3. **SIMONA** (aufhören): _____

   DANIEL (arbeiten): _____

4. **ALEXANDER** (glauben): _____

   FRANK (schwören): _____

5. **FAREED** (bleiben): _____

   ANNA (sorgen): _____

6. **MUHAMMED** (zweifeln): _____

   ROSILINA (sprechen): _____

AUFSATZ

Schritt 1
Lesen Sie diese Rezension eines Romans.

Der Vorleser (Bernhard Schlink, 1995) ist das überraschendeste Buch der neunziger Jahre. Der Roman besteht aus zwei Teilen. Der erste Teil beginnt damit, dass der kranke Schüler Michael Berg der Straßenbahnschaffnerin Hanna Schmitz begegnet. Daraus entsteht ein Verhältnis zwischen den beiden, das Schmitz schließlich beenden muss. Aber sie spricht mit Berg nicht darüber, sondern verschwindet einfach. Berg kann nur Vermutungen darüber anstellen, wie es dazu gekommen ist.

Der zweite Teil ist so interessant wie der erste. Nachdem Berg etwas älter geworden ist, studiert er Jura und nimmt teil an einem Seminar über Konzentrationslager. Dabei muss er sich zu seiner Überraschung den Prozess seiner ehemaligen Geliebten anschauen. Worum geht es? Hanna Schmitz ist eines Verbrechens während der NS-Zeit angeklagt und Berg muss sich damit beschäftigen, auch wenn er nicht will.

Einige Kritiker behaupten, dass der Schriftsteller Schmitz in Schutz (*protection*) nimmt und die Geschichte der NS-Zeit verharmlost (*play down*). Jeder, der sich für deutsche Geschichte und Literatur interessiert, sollte dieses Buch lesen und sich selber ein Urteil darüber bilden.

Machen Sie einen Kreis um alle Modalverben und Verben mit Präpositionen. Unterstreichen Sie alle Superlative und Komparative und markieren Sie, ob sie Komparative der Gleichheit oder Ungleichheit sind.

_____

_____

_____

_____

_____

_____

_____

_____

Schritt 2
Denken Sie an ein Buch, das Sie vor kurzem gelesen haben, und das Ihnen sehr gefällt (oder nicht gefällt) und ergänzen Sie die Tabelle.

Schriftsteller	
Titel	
Genre	
Figuren	
Handlung	
Themen	

Workbook

Workbook

Schritt 3

Nun schreiben Sie Ihre eigene Rezension eines Buches. Erklären Sie, worum es in dem Buch geht, was Ihnen gefällt und nicht gefällt, was man als Schriftsteller anders machen kann und wie sich das Buch mit anderen Büchern, die Sie kennen, vergleichen lässt. Verwenden Sie Modalverben, Komparative der Gleichheit und Ungleichheit, Superlative, da-Komposita, wo-Komposita und Verben mit Präpositionen.

_____

_____

_____

_____

_____

_____

_____

_____

_____

_____

_____

_____

_____

_____

_____

_____

_____

_____

_____

_____

_____

_____

_____

_____

_____

_____

_____

_____

_____

_____

_____

_____

ZU BEGINN

Lektion 6

1 **Welches Wort gehört nicht dazu?** Sehen Sie sich die Wörter an und machen Sie in jeder Reihe einen Kreis um das Wort, das nicht dazugehört.

1. würzig / widerlich / salzig / pikant
2. der Sauerbraten / das Schweinekotelett / der Vegetarier / das Brathähnchen
3. heiligen / braten / schneiden / schälen
4. gebraten / gedünstet / frittiert / selbst gemacht
5. die Eisdiele / die Kneipe / die Volkskunde / der Schnellimbiss

2 **Die treffende Aussage** Wählen Sie den richtigen Ausdruck für jedes Bild.

a.

b.

c.

d.

e.

f.

_____ 1. In Bayern findet man viel Wurst.

_____ 2. Der Bäcker verkauft Brezeln.

_____ 3. Apfelstrudel ist ein leckerer Nachtisch.

_____ 4. Der Salat kann etwas besser für die Gesundheit sein.

_____ 5. Die Melange ist eine österreichische Tradition, die jetzt auch in Deutschland verbreitet ist.

_____ 6. Diese Mahlzeit aus paniertem Kalbsfleisch (*breaded veal*) ist eine Wiener Spezialität.

3 **Kochbuch Deutsch** Ergänzen Sie das Rezept mit den richtigen Formen der Wörter aus der Liste unten.

> Brathähnchen   gefroren   gießen   schälen   scheußlich   schneiden   würzig   zart

Von:	Frederika Karlheim [krika006@hotmail.com]
An:	Nancy Karlheim [nancy.karlheim@gmx.de]
Betreff:	Mein Rezept

Nancy,

dies ist mein Rezept für (1) _____. Ich brauche nur frische Zutaten, keine (2) _____. Der
(3) _____ Geschmack entsteht aus der Marinade: Olivenöl, Zitronensaft, Salz, Pfeffer und Paprikapulver. Du musst
auch Tomaten und Zwiebeln (4) _____. Bei 225°C anbraten (*sear*), wieder salzen, dann noch 30 Minuten braten; jetzt
die Zwiebeln und Tomaten verteilen und weitere 30 Minuten braten. Als Beilage brauchst du auch einen Kartoffelsalat. Koch die
Kartoffeln 25 Minuten mit der Schale (*peel*), bis sie (5) _____ sind. Dann kannst du die Kartoffeln (6) _____. Kurz
vor dem Servieren muss man noch Öl darüber (7) _____. Aber pass auf! Mit zu viel Salz schmeckt es (8) _____!

Frederika

4 **Wie ist es bei Ihnen?** Beantworten Sie die folgenden Fragen in vollständigen Sätzen.

1. Haben Sie ein Lieblingsgericht? Welches?

_____

2. Wann essen Sie das Gericht?

_____

3. Wer bereitet das Essen zu? Können Sie das zubereiten?

_____

4. Essen Sie das Gericht alleine oder mit Freunden?

_____

5. Können Sie das Essen beschreiben? Wie schmeckt es?

_____

5 **Was machen diese Menschen?** Sehen Sie sich die Fotos an und beschreiben Sie, was die Personen machen. Verwenden Sie Wörter aus der folgenden Liste.

bestellen	Feier	Kleinigkeit	salzig	vegetarisch
Brauch	Folklore	Reservierung	traditionell	Volksmusik

1.   2.   3.

1. _____

_____

2. _____

_____

3. _____

_____

6 **Feiertage** Schreiben Sie einen Aufsatz über Ihren Lieblingsfeiertag. Schreiben Sie, welches Essen für Sie an diesem Tag Tradition ist, und wie Sie es zubereiten. Welche Bräuche assoziieren Sie mit diesem Tag? Verwenden Sie Wörter aus der folgenden Liste.

Erbe	Feiertag	lecker	Volksmusik
Feier	kulturell	traditionell	zubereiten

_____

_____

_____

_____

_____

_____

_____

KURZFILM

Wer hat Angst vorm Weihnachtsmann?

1 **Verstehen Sie?** Beantworten Sie die folgenden Fragen zum Film *Wer hat Angst vorm Weihnachtsmann?*

1. Die Eltern sagen, dass es keine gute Idee war. Was war keine gute Idee?

_____

2. Warum ruft der Weihnachtsmann seine Freunde an? Warum sollen sie kommen?

_____

3. Was möchte der Weihnachtsmann zuerst von Familie Lemm hören?

_____

4. Warum ist Max manchmal nicht so brav? Welchen Rat gibt ihm der Weihnachtsmann?

_____

5. Warum ist Tanja manchmal nicht so brav?

_____

6. Wer kommt nach dem Weihnachtsmann noch zu Familie Klemm?

_____

7. Was fragt Tanja den Engel?

_____

8. Wie möchte der Vater die Weihnachtsmänner und den Engel loswerden (*get rid of*)? Er versucht es drei Mal.

_____

_____

2 **Richtiges Benehmen**

Wie in den USA, so erzählen auch in Deutschland Eltern ihren Kindern, dass der Weihnachtsmann ihnen keine Geschenke bringen wird, wenn sie sich nicht gut benehmen (*behave*). Haben Ihre Eltern das Ihnen auch erzählt? Was meinen Sie: Benehmen Kinder sich besser, wenn sie an den Weihnachtsmann glauben? Oder hat der Weihnachtsmann im Film Recht? Obwohl die Kinder sich nicht perfekt benommen haben, bekommen sie Geschenke. Was wollen Sie Max und Tanja sagen, wenn Sie den Kindern die Geschenke übergeben? Wozu schenkt man sich zu Weihnachten etwas?

_____

_____

_____

_____

_____

_____

_____

STELLEN SIE SICH VOR

Bayern

Der typische Bayer Ergänzen Sie jeden Satz mit dem richtigen Ausdruck.

1. Die stereotypische Bayerin trägt _____.

   a. rote Schuhe   b. eine Lederhose   c. ein Dirndl

2. Eigentlich ziehen sich die meisten jungen Bayern _____ an.

   a. wie andere Deutsche   b. sehr traditionell   c. immer professionell

3. Die bayerische Wirtschaft hängt von _____ ab.

   a. Industrie   b. Landwirtschaft   c. Landwirtschaft und Industrie

4. Das Schulsystem in Bayern erzielt (*achieves*) _____ Resultate.

   a. sehr gute   b. mittelmäßige   c. sehr schlechte

5. In Bayern ist es _____, Dialekt zu sprechen.

   a. nicht normal   b. normal   c. verboten

6. In Bayern findet man _____.

   a. nur Bier und Lederhosen   b. verschiedenartige Menschen   c. nur alte Konservative

Entdecken wir...

Romantik in Steinen Beschreiben Sie das Bild. Was ist das? Was wissen Sie darüber?

_____

_____

_____

_____

_____

_____

_____

_____

_____

_____

_____

_____

STRUKTUREN

6.1 Reflexive verbs and accusative reflexive pronouns

1 **Erinnerst du dich?** Ferdinand und seine Schwester Marie sprechen über den Heiligen Abend, als sie Kinder waren. Markieren Sie mit X die Sätze, die reflexive Verben verwenden.

_____ 1. Ferdinand, erinnerst du dich an den Heiligen Abend, als du 8 Jahre alt warst?

_____ 2. Natürlich. Damals besuchte uns ein sehr lustiger Weihnachtsmann.

_____ 3. Er hat uns solche witzige Sachen erzählt.

_____ 4. Der Weihnachtsmann interessierte sich hauptsächlich für das Essen.

_____ 5. Seine Freundin verkleidete sich als Engel.

2 **Warum Erntedankfest?** Erntedankfest ist ein kirchlicher Feiertag, den nicht jeder feiert. Dieses Jahr interessiert sich Mark sehr dafür. Wählen Sie die richtige Verbform.

1. Warum _____ Mark jetzt für das Erntedankfest?
   a. interessiert   b. interessiert sich

2. Er _____ dieses Jahr darum. Ich weiß nicht warum.
   a. kümmert sich   b. kümmert

3. Er _____ auf den Gottesdienst.
   a. freut sich   b. freut

4. Mark _____ das ganze Haus zur Vorbereitung.
   a. putzt sich   b. putzt

5. Er will, dass wir _____ mitzukommen.
   a. versprechen   b. uns versprechen

3 **Ein Besuch in Nürnberg** Ergänzen Sie das Gespräch zwischen Lukas und Nicoletta mit den richtigen Formen der Verben in Klammern.

LUKAS Also, Nicki, welche Stadt möchtest du besuchen?

NICOLETTA Ich (1) _____ _____ (sich interessieren) jetzt für Nürnberg. Ich habe (2) _____ aber noch nicht _____ (sich entscheiden).

LUKAS Nürnberg ist schön, aber München ist schöner. Nur in München kann ich (3) _____ richtig _____ (sich erholen).

NICOLETTA Du findest immer einen Grund, München zu besuchen! Man (4) _____ _____ (sich langweilen) dort niemals, aber ich will auch mal eine andere Stadt sehen.

LUKAS Das stimmt nicht, dass ich immer nur nach München will. (5) _____ du _____ (sich erinnern) nicht? Letztes Jahr wollte ich Augsburg besuchen.

NICOLETTA Darüber hast du (6) _____ _____ (sich informieren). Trotzdem (7) _____ wir _____ (sich befinden) dann doch wieder in München. Dieses Jahr fahren wir irgendwo anders hin. Ich will im Dezember den Christkindlesmarkt in Nürnberg besuchen.

LUKAS Urlaub im Dezember? Wie du willst, aber dann müssen wir (8) _____ _____ (sich beeilen). Der Markt beginnt nächste Woche.

Workbook

4   **Mama, das kann ich selber!** Oma kommt am Heiligen Abend zu Besuch. Der kleine Hans und seine Schwester Beate müssen gut aussehen und sich richtig benehmen. Sie wollen aber alles selber machen. Schreiben Sie jeden Satz mit Reflexivpronomen um.

> **Beispiel**
>
> **MAMA** Ich will dich waschen.
> **HANS** Nein! Ich will mich waschen.

1. **MAMA** Ich will euch baden.

   HANS UND BEATE Nein! _____

2. **MAMA** Ich will dich kämmen.

   BEATE Nein! _____

3. **MAMA** Ich will euch anziehen.

   HANS UND BEATE Nein! _____

4. **MAMA** Ich will mich noch schminken.

   HANS UND BEATE Nein! _____

5. **MAMA** Ich will mich mit Oma treffen.

   HANS UND BEATE _____

   _____

5   **Siggi und Lena vor der Osterfeier** Schreiben Sie Sätze mit den angegebenen Subjekten und reflexiven Verben.

> **Beispiel**
>
> (Siggi und Lena / sich vorbereiten) Siggi und Lena bereiten sich auf die Osterfeier vor.

1. (Siggi und Lena / sich umziehen) _____

2. (Lena / sich beeilen) _____

3. (Siggi / sich erkälten) _____

4. (er / sich erholen) _____

5. (Lena / sich verspäten) _____

6. (Siggi / sich ärgern) _____

6   **Und was machen Sie?** Wählen Sie einen beliebten Feiertag. Beschreiben Sie, wie Sie sich auf diesen Feiertag vorbereiten. Verwenden Sie reflexive Verben mit Akkusativpronomen.

_____

_____

_____

_____

_____

_____

_____

66   **Lektion 6** Workbook

6.2 Reflexive verbs and dative reflexive pronouns

1 **Nicht für jeden** Nicht jeder liebt Weihnachten. Wählen Sie die richtigen Reflexivpronomen und ergänzen Sie die Sätze damit.

1. Ich ärgere (mich / mir) jedes Mal an Weihnachten.

2. Mein Bruder freut (dir / sich) auf Weihnachten.

3. Du fühlst (dir / dich) auch wohl während der Weihnachtszeit.

4. Ich muss (mir / mich) zu Weihnachten immer meinen besten Anzug anziehen.

5. Du kannst (dich / dir) keine Geschenke leisten.

6. Ich überlege (mich / mir), ob ich dieses Jahr nichts ausgebe.

7. Manche interessieren (sich / mir) einfach nicht dafür.

8. Der Feiertag macht mich so müde, dass ich (mir / mich) hinlegen muss.

2 **Sonderangebot für eine Bayernreise** Hier sehen Sie eine Werbung vom Reisebüro Hannemann. Ergänzen Sie den Absatz mit den richtigen Formen der Verben in Klammern.

(1) _____ Sie _____ sofort dieses Sonderangebot vom Reisebüro

Hannemann _____ (sich ansehen)! Wie viel Geld Sie sparen, können Sie

(2) _____ einfach nicht _____ (sich vorstellen). Mir brauchen

Sie nicht zu glauben. (3) _____ Sie _____ Frau Barske

_____ (sich anhören), eine Hausfrau aus Kiel: „Ich konnte (4) _____

nicht _____ (sich helfen). Mein Mann und ich wollten (5) _____

nicht _____ (sich vorstellen), dass wir so eine schöne Reise unternehmen können.

Dann aber (6) _____ ich _____ (sich erinnern) an das Sonderangebot

vom Reisebüro Hannemann! Ich (7) _____ _____ (sich denken),

diese Ferien in München können wir (8) _____ _____ (sich leisten)!

Wir müssen los! Ich (9) _____ _____ (sich überlegen) jetzt schon,

ob ich nicht auch nächstes Jahr den Urlaub in München verbringen will." In jeder Jahreszeit ist

München die Reise wert! Besuchen Sie uns im Reisebüro Hannemann!

3 **Das tägliche Leben** Claude spricht über sein tägliches Leben. Ergänzen Sie die Sätze mit den richtigen Formen der reflexiven Verben aus der Liste.

sich aussuchen	sich kaufen	sich rasieren
sich bestellen	sich kochen	sich wünschen

1. Jeden Morgen _____ ich _____ das Gesicht.

2. Wenn ich Lust habe, _____ ich _____ etwas im Café.

3. Meine Freundin _____ _____ das Frühstück lieber zu Hause.

4. Sie _____ _____ ein neues Fahrrad zu Weihnachten.

5. Heute gehen wir _____ eins _____.

6. Sie _____ _____ ein teures Fahrrad.

4 **Vorbereitung auf den Karneval** Die Familie Kurzweil bereitet sich auf den Karneval vor. Bilden Sie Sätze aus den angegebenen Satzteilen.

1. **HERR KURZWEIL** ich / sich rasieren / das Gesicht / früh am Morgen

_____

2. **FRAU KURZWEIL** dann / sich kämmen / die Haare

_____

3. **DER KLEINE AXEL** ich / wollen / sich schneiden / die Haare

_____

4. **FRAU KURZWEIL** du / sollen / sich waschen / das Gesicht

_____

5. **HERR KURZWEIL** dann / können / du / sich schminken / das Gesicht

_____

6. **FRAU KURZWEIL** wir / sich anziehen / jetzt / die Kostüme

_____

5 **Essen zu Hause und im Restaurant** Beantworten Sie jede Frage mit dem angegebenen reflexiven Verb. Seien Sie kreativ!

1. Wie oft bereiten Sie sich eine Mahlzeit zu?

_____

2. Welche Zutaten kaufen Sie sich für Ihr Lieblingsessen?

_____

3. Was suchen Sie sich aus, wenn Sie Ihre Zutaten nicht bekommen?

_____

4. Wie oft können Sie es sich leisten, im Restaurant zu essen?

_____

5. Was bestellen Sie sich gern im Restaurant?

_____

6 **Meine Reise nach Bayern** Schreiben Sie eine kurze E-Mail über eine Reise nach Bayern an einen deutschen Freund/eine deutsche Freundin. Suchen Sie im Teil **Stellen Sie sich vor** dieser Lektion nach Informationen über Bayern. Verwenden Sie mindestens sechs reflexive Verben mit Dativpronomen aus der Liste und erzählen Sie Ihrem Freund/Ihrer Freundin, was Sie gemacht haben.

sich ansehen	sich ausleihen	sich bestellen	sich leisten	sich vorstellen
sich anziehen	sich aussuchen	sich kaufen	sich überlegen	sich wünschen

_____

_____

_____

_____

_____

_____

6.3 Numbers, time, and quantities

1 **Definitionen** Ordnen Sie jeder Definition ein entsprechendes Beispiel zu.

_____ 1. eine Packung Nudeln

_____ 2. ein natürliches Getränk in einer Flasche

_____ 3. eine Menge dieses kalten Nachtischs

_____ 4. zwei Früchte

_____ 5. 0,25 l einer süßen Zutat, die man gern mit Erdbeeren isst

_____ 6. ein heißes Getränk

a. ein paar Äpfel

b. ein Liter Wasser

c. eine Tasse Kaffee

d. 250 g Spätzle

e. ein Kilo Eis

f. eine Packung Schlagsahne

2 **Auf dem Christkindlesmarkt** Lukas und Nicoletta sind nun auf dem Christkindlesmarkt in Nürnberg. Ergänzen Sie jeden Satz mit dem richtigen Zahlen- oder Zeitausdruck.

1. Am _____ November beginnt der Christkindlesmarkt in Nürnberg.

    a. 23 Uhr 05   b. 23.   c. fünf   d. dreiundzwanzig

2. Dies ist Nicolettas _____ Mal in Nürnberg.

    a. 2,2   b. viertel   c. eins   d. erstes

3. Der Weihnachtsmarkt macht um _____ auf.

    a. Viertel nach elf   b. ein   c. zweites   d. 3,30

4. Nicoletta und Lukas trinken _____ Tassen Kakao.

    a. zwei   b. zweites   c. 10 Mal   d. 4 Zentimeter

5. Sie kaufen schon das _____ Geschenk für ihre Nichten.

    a. sechs   b. sechste   c. 6,5   d. einen halben Liter

6. Am Ende des Tages haben sie _____ Euro ausgegeben.

    a. halb zwei   b. hundertstes   c. 210:34   d. 210,34

3 **Bayerischer Schweinebraten** Ergänzen Sie das Rezept. Schreiben Sie die richtigen Angaben aus der Liste in die Lücken rechts.

Zutaten/Zeit:	Rezept:
400 zwei 100 g 1 Teelöffel eine Flasche 0,5 Liter 2 Esslöffel 250°C eine Stunde eine	Würzen Sie Fleisch und Knochen mit je (1) _____ Salz und Pfeffer. Schneiden Sie (2) _____ Karotten, (3) _____ g Zwiebeln, (4) _____ Knollensellerie und (5) _____ Lauchstange. Braten Sie das Fleisch in (6) _____ Butterschmalz. Gießen Sie (7) _____ Fleischbrühe (*broth*) hinzu. Nun geben Sie auch das Gemüse hinzu. Braten Sie das Ganze nun bei (8) _____ (9) _____ lang. Gießen Sie (10) _____ dunkles Bier hinzu. Nehmen sie den Braten aus dem Ofen und schneiden Sie ihn an.

Workbook

4 **Wie viel und wie viele?** Sehen Sie sich die Fotos an und schreiben Sie die richtige Kardinal- oder Ordinalzahl („parallel" zur Nummer des Satzes) in die Lücke.

1. Bernhard trinkt _____ Liter Wasser.

2. Am _____ Urlaubstag war sehr schönes Strandwetter.

3. Anna trinkt schon das _____ Glas Apfelsaft.

4. Sebastian hat schon _____ Hemden anprobiert.

5 **Gulasch zubereiten** Ihr Freund erzählt Ihnen, wie er Gulasch zubereitet. Beenden Sie diese Sätze sinnvoll mit Zeitausdrücken. Seien Sie kreativ!

1. Die Kartoffeln zu schälen dauert _____

2. Die Kartoffeln kochen _____

3. Das Fleisch brät man _____

4. Man gießt alles in den Topf _____

5. Das Gulasch hält nur _____. Iss das schnell auf!

6 **Ihr Lieblingsrezept** Schreiben Sie Ihr Lieblingsrezept mit Zahlen und Mengenangaben auf.

_____

_____

_____

_____

_____

_____

_____

_____

_____

_____

Workbook

AUFSATZ

Schritt 1

Petra ist Restaurantkritikerin in München. Lesen Sie ihren Blogeintrag und beantworten Sie die Fragen.

Liebe Leserinnen und Leser!

Diese Woche habe ich eine Reihe Kneipen und Restaurants in München ausprobiert. Das beste beschreibe ich hier. Amüsieren Sie sich einen Nachmittag im Augustiner am Dom, einem relativ neuen Restaurant in München. Das Restaurant spezialisiert sich auf Münchner Küche. Vor allem der Leberkäse ist lecker und preisgünstig. Auch die Gerichte aus Schwaben sind von guter Qualität. Bestellt man sich einen Teller Allgäuer Käsespätzle, fühlt man sich sofort, als ob man in Augsburg sitzt. Wenn Sie sich für Spätzle entscheiden, suchen Sie sich die Allgäuer Käsespätzle aus.

Wenn Sie nicht zu sparen brauchen, empfehle ich Ihnen das 200-g-Pfeffersteak – klassisch, einfach und exzellent. Dazu ist jetzt ein Glas Saft notwendig – 0,2 l, nicht zu viel, sonst ärgern Sie sich später. Das beste daran ist, dass der Augustiner am Dom täglich von 10 Uhr bis 24 Uhr geöffnet ist.

Unterstreichen Sie alle reflexiven Verben und bestimmen Sie, ob die Pronomen im Akkusativ oder Dativ stehen. Machen Sie einen Kreis um alle Zahlen, Zeitausdrücke und Mengenangaben.

_____

_____

_____

_____

_____

_____

_____

_____

_____

_____

_____

Schritt 2

Lesen Sie die Fragen über Petras Blogeintrag und beantworten Sie sie.

1. Was kann man sich bestellen, wenn man nicht so viel Geld hat? _____

_____

2. Welche Küche findet man im Augustiner am Dom? _____

_____

3. Wie groß ist das Pfeffersteak? _____

4. Wie viel Saft soll man dazu trinken? _____

5. Wann ist der Augustiner am Dom geschlossen? _____

_____

Schritt 3

Nun schreiben Sie Ihren eigenen Blogeintrag über ein Restaurant, das Sie kennen. Schreiben Sie mindestens 10 Sätze. Verwenden Sie reflexive Verben mit Akkusativ- und Dativpronomen sowie Zahlen, Zeitausdrücke und Mengenangaben.

_____

_____

_____

_____

_____

_____

_____

_____

_____

_____

_____

_____

_____

_____

_____

_____

_____

_____

_____

_____

_____

_____

_____

_____

_____

_____

_____

_____

_____

_____

_____

ZU BEGINN

Lektion 7

1 **Was gehört nicht dazu?** Machen Sie einen Kreis um das Wort, das am besten zu dem Ausdruck in Fettdruck (*boldface*) passt.

1. **die Informatik:** der Astronom / umstritten / der Rechner
2. **der Forscher:** die Telekommunikation / das Experiment / kabellos
3. **das Netzwerk:** das Ziel / der Impfstoff / die E-Mail
4. **der Zoologe:** die DNS / herunterladen / das Gerät
5. **die Kernphysikerin:** das E-Book / der Fortschritt / anhängen
6. **klonen:** der Mathematiker / die Datenbank / umstritten

2 **Aus den Resten** Ergänzen Sie diese Schlagzeilen aus dem Teil *Wissenschaft und Technologie* der Sonntagszeitung mit den uneingekreisten Wörtern aus Aktivität 1.

1. Sind _____ besser und grüner als Papierbücher?
2. Immer mehr Eltern verzichten auf (*give up*) _____ für ihre Kinder.
3. Forscher erfindet _____ zur Verbesserung der Intelligenz.
4. Menschen klonen – noch nicht geschehen und schon _____.
5. Regierung erstellt massive _____ mit persönlichen Informationen.
6. _____ entdeckt neuen Planeten.
7. Legen Sie den Hörer auf! _____ läuft jetzt übers Internet.
8. Fraunhofer-Institut: _____ der Forschung ist Anwendung von Nanotechnologie.

3 **Wortersetzung** Ersetzen Sie das unterstrichene Wort in jedem Satz mit der richtigen Form eines ähnlichen Wortes oder Ausdrucks aus der Vokabelliste der Lektion.

> **Beispiel**
>
> Menschen klonen ist ein <u>heiß debattiertes</u> Thema.
> **umstrittenes**

1. Meine Frau schreibt <u>das Rechnerprogramm</u>.

   _____

2. <u>Die Menschen im Raumschiff</u> (*spaceship*) reparieren das Hubble-Weltraumteleskop.

   _____

3. Der Mathematiker <u>zeigt</u>, dass seine Formel richtig ist.

   _____

4. Die Forscher planen <u>den Entwurf</u> (*design*) eines neuen und besseren Gerätes.

   _____

5. Ich <u>bekomme</u> ein Foto <u>per E-Mail</u>.

   _____

6. Die Anwendung seiner Ideen ist <u>unethisch</u>.

   _____

4 Was machen diese Menschen? Beschreiben Sie in zwei Sätzen, was die Menschen auf den Bildern machen. Verwenden Sie Wörter aus der Liste.

der Astronom	beweisen	die E-Mail	der Forscher	herunterladen	der Rechner
das Attachment	die Biologin	die Entdeckung	die Forschung	klonen	unmoralisch

 1.  2.  3.

1. _____
   _____

2. _____
   _____

3. _____
   _____

5 Was ist Ihre Meinung? Beantworten Sie die folgenden Fragen in vollständigen Sätzen.

1. Wie wichtig ist Ihnen die Technologie im alltäglichen Leben?
   _____

2. Wie viele E-Mails schreiben Sie jeden Tag? Wie viele empfangen Sie? Bekommen Sie viele unerwünschte E-Mails?
   _____

3. Welche Entdeckungen der letzten Jahre finden Sie sehr bedeutend?
   _____

4. Welche Erfindungen und Entdeckungen sind für die Menschen am nützlichsten?
   _____

5. Welche Erfindungen und Entdeckungen sind, Ihrer Meinung nach, gefährlich?
   _____

6 Hilfe! Schreiben Sie eine E-Mail an das technische Unterstützungsbüro (*office support*) einer Rechnerfirma. Erzählen Sie, welche Probleme Sie mit Ihrem neuen Rechner haben, und bitten Sie um Hilfe. Verwenden Sie die Vokabeln aus der Liste.

aktualisieren	die Datenbank	das Gerät	das Netzwerk
anhängen	die unerwünschte E-Mail	herunterladen	der Rechner
das Attachment	das Experiment	kabellos	der USB-Stick

_____
_____
_____
_____
_____

KURZFILM

Roentgen

1   **Verstehen Sie?** Beantworten Sie die folgenden Fragen zum Film *Roentgen*.

1. Wo ist Georg gewesen? Mit wem und wozu?

_____

2. An welcher Krankheit leidet Herr Gross?

_____

3. Die Strahlen helfen bei der Diagnose. Was denkt Georg außerdem über die Strahlen?

_____

4. Warum denkt er das? Was ist sein Beweis?

_____

5. Warum ist Herr Gross nervös, als Georg ihn zum ersten Mal bestrahlt? Warum ist Friedrich dann böse auf Georg?

_____

6. Warum kann Gustav nach zwei Wochen Arbeit nicht mehr schlafen?

_____

7. Wie kann man die Beziehung zwischen Charlotte (Georgs Frau) und Friedrich beschreiben?

_____

8. Warum verweigert (*refuses*) die Krankenschwester Agnes die Arbeit? Warum kommt Charlotte zum Arbeitsplatz ihres Mannes?

_____

2   **Ein anderer Verhaltenskodex**

Beschreiben sie den Verhaltenskodex der Ärzte in diesem Film. Inwiefern weicht Georgs Benehmen vom Verhaltenskodex ab (*does deviate*)? Ist das Benehmen der anderen Ärzte professionell und ethisch? Können Sie die Beziehung zwischen Herrn Gross und Friedrich beschreiben? Behandeln die Ärzte ihre Patienten heutzutage immer noch so wie im Film, oder nach einem anderen Moralkodex? Haben Sie schon mal von jemandem wie Herrn Gross gehört oder gelesen? Sind Sie für medizinische Experimente offen? Stellen Sie sich vor, Sie sind Herr Gross. Werden Sie Georgs Patient oder gehen Sie zu Friedrich?

_____

_____

_____

_____

_____

_____

_____

STELLEN SIE SICH VOR

Rheinland-Pfalz, das Saarland und Baden-Württemberg

Richtig oder falsch? Markieren Sie, ob diese Aussagen **richtig** oder **falsch** sind. Korrigieren Sie die falschen Aussagen.

Richtig	Falsch	
○	○	1. Die Römer haben die Germanen als hochzivilisiert angesehen.
○	○	2. Die Germanen haben sich mit Landwirtschaft, mit Tieren und mit Handwerk gut ausgekannt.
○	○	3. Die Germanen haben Herrschaft und Einfluss der Römer gern akzeptiert.
○	○	4. Die Römer haben Germania Magna im Jahr 9 n. Chr. verlassen.
○	○	5. Bertha Benz war die erste Frau, die mit einem Auto weit gefahren ist.
○	○	6. In der Wilhelma in Stuttgart leben 8.000 Menschenaffen.

Entdecken wir...

Auf dem Weg zum Fortschritt Schreiben Sie einen Absatz zu diesem Bild. Wer ist das? Was wissen Sie über sie?

_____

_____

_____

_____

_____

_____

_____

_____

_____

_____

_____

_____

STRUKTUREN

7.1 Passive voice and alternatives

1 **Mensch und Sache** Ergänzen Sie diese Passivsätze mit **von** oder **durch**.

1. Der Code wird _____ Michael geschrieben.

2. Die E-Mail wurde _____ Frau Piotrowski geschickt.

3. Das Netzwerk ist _____ einen Rechnervirus geschädigt (*damaged*) worden.

4. Das Experiment wurde _____ Erich und Katarina geplant.

5. Mein altes Gerät wurde _____ einen Unfall zerstört.

6. Der Moralkodex darf _____ das Experiment nicht verletzt werden.

2 **Aktiv und Passiv** Schreiben Sie die folgenden Aktivsätze in Passivsätze um.

> **Beispiel**
>
> Die Biologen klonen die Stammzellen.
> *Die Stammzellen werden von Biologen geklont.*

1. Gerhard schickt das Attachment. _____

2. Alan wird meinen Rechner reparieren. _____

3. Der Impfstoff hat Millionen von Menschen gerettet. _____
_____

4. Das Rechnerprogramm löschte (*deleted*) alle Dateien auf meinem USB-Stick. _____
_____

5. Die Zoologin studiert die Bären. _____

3 **Im Passiv schreiben** Bilden Sie Passivsätze mit den angegebenen Elementen.

1. die Elektronik / verwenden / täglich / von / ich
_____

2. die Patientinnen / heilen
_____

3. die Astronautin / im Raumschiff (*spaceship*) / trainieren
_____

4. Biologen / sagen / dass / Dinosaurier / dürfen / nicht / klonen
_____

5. die Theorie / müssen / beweisen
_____

6. das Attachment / durch / unerwünschte E-Mail / herunterladen (Präteritum)
_____

7. man / glauben / dass / die Telekommunikation / weiter / entwickeln
_____

8. mein / Patent / aktualisieren (Perfekt)
_____

Workbook

4 **Neue Formulierungen** Formulieren Sie jeden Passivsatz mit der angegebenen Alternative in einen Aktivsatz um.

> **Beispiel**
>
> Hier wird die Telekommunikation benutzt.
> man: **Hier benutzt man die Telekommunikation.**

man:

1. Gentechnik wird gefürchtet.

   _____

2. Unerwünschte E-Mails müssen sofort gelöscht werden.

   _____

sich + verb:

3. Das neue Arzneimittel (*medicine*) wird gut verkauft werden.

   _____

4. Die künstliche Intelligenz ist als innovativ präsentiert worden.

   _____

sich lassen + infinitive:

5. Nanotechnologie wird nicht leicht implementiert.

   _____

6. Durch die kabellose Übertragung (*transfer*) wird der Film nur schwer heruntergeladen.

   _____

sein + zu + infinitive:

7. Diese Herausforderung darf nicht unterschätzt werden.

   _____

8. Die Kinder sollen geimpft werden.

   _____

5 **Ergänzungen** Ergänzen Sie jeden Satz mit der Passivform eines Verbs aus der Liste unten. Verwenden Sie jedes Verb nur einmal.

> **Beispiel**
>
> Die E-Books **wurden von Forschern heruntergeladen.**

aktualisieren	einsetzen	klonen
diskutieren	erfinden	

1. Als meine Urgroßeltern lebten, _____.
2. Im Labor _____.
3. Unter Astronomen _____.
4. In Science-Fiction-Filmen _____.
5. Mein Handy _____.

6 **Forscher entdecken...** Schreiben Sie einen kurzen Zeitungsartikel über eine neue wissenschaftliche Entdeckung, entweder (*either*) wahr oder fiktiv. Schreiben Sie mindestens fünf Passivsätze.

_____

_____

_____

_____

7.2 Imperative

1 **Imperativergänzungen** Ergänzen Sie jeden Satz mit der richtigen Imperativform.

1. Meine Damen und Herren, _____ Heilmittel für HIV!

    a. erforschen Sie b. erforsch   c. erforscht   d. erforsche

2. Dieter, _____ doch etwas über Wissenschaft.

    a. lesen Sie   b. lies   c. lest   d. liest

3. Matthias und Josef, _____ eine Lösung zu diesem technischen Problem.

    a. finde   b. findest   c. finden Sie   d. findet

4. An alle Mitarbeiter: _____ ohne Erlaubnis keine Dateien herunter.

    a. Läd   b. Lade   c. Laden wir   d. Ladest

5. _____ es, Mehmet; das Experiment hat zu nichts geführt.

    a. Vergesse   b. Vergesst   c. Vergiß   d. Vergessen Sie

2 **Ein Besuch im Labor** Julia ist studentische Hilfskraft im Biologielabor. Sie spricht mit ihrem Chef, mit einem anderen Studenten und mit einer Klasse aus der Schule, die das Labor besucht. Ergänzen Sie die Sätze mit den richtigen Imperativformen der Verben in Klammern, um zu zeigen, wem sie welche Hinweise gibt.

- An ihren Chef (Sie):

1. (vergessen) _____ nicht, dass eine Schulklasse uns heute besucht.

2. (haben) _____ keine Angst! Ich kümmere mich um die Klasse.

- An alle im Labor und sie selbst (wir):

3. (sein) _____ heute höflich.

4. (aufpassen) _____, dass nichts kaputtgeht.

- An die Schüler (ihr):

5. (sich ansehen) _____ die neuen Mikroskope _____.

6. (sein) _____ vorsichtig!

- An einen Student (du):

7. (zeigen) _____ der Klasse die Stammzellen am Mikroskop.

8. (aktualisieren) _____ danach den Forschungsbericht.

3 **Modalverben und Imperativsätze** Formen Sie die Vorschläge in Imperativsätze um. Verwenden Sie die formelle oder informelle Anrede, wie sie schon im Ausgangssatz steht.

> **Beispiel**
>
> Sie (*pl., formal*) sollen weiter forschen.
> **Forschen Sie weiter.**

1. Du darfst nicht zu spät zur Laborarbeit kommen.

   _____

2. Heute müssen wir alles für das Experiment vorbereiten.

   _____

3. Sie (*pl., formal*) können uns den Arbeitsplatz zeigen.

   _____

4. Ihr sollt nicht lachen!

   _____

5. Ihr müsst nur warten! Ich zeige euch etwas!

   _____

Workbook

4 **Virusprobleme** Ankes Freund Dmitri hat Probleme mit seinem neuen Rechner. Ergänzen Sie das Gespräch mit den richtigen Imperativformen der Verben aus der Liste.

| bringen | fahren | helfen | herunterladen | kommen | reparieren | treffen | warten |

DMITRI Tag, Anke. Ich habe Probleme mit meinem Laptop. Ein Virus! (1) _____ mir!

ANKE Kein Problem. Ich bin hier. (2) _____ den Rechner zu mir.

DMITRI Aber jetzt kann ich nicht. Meine Katze ist krank.

ANKE Dann (3) _____ bis morgen. Ich werde dann auch noch hier sein.

DMITRI Ich habe einen anderen Vorschlag. (4) _____ zu mir und

(5) _____ meinen Rechner. Während du das machst, koche ich

dir etwas zum Abendessen.

ANKE Dmitri… weißt du, ich habe zu tun. (6) _____ dir ein Antivirusprogramm

_____ und wir sehen uns, wenn es deiner Katze besser geht.

DMITRI Also, dann. (7) _____ wir uns bei mir?

ANKE Nein. (8) _____ zu mir.

5 **Vergessen Sie nicht!** Sagen Sie den Personen, dass sie nicht das tun sollen, was Sie tun.

> **Beispiel**
>
> Die Geologen laden das Attachment herunter.
> *Laden Sie nicht das Attachment herunter!*

1. Der Astronaut vergisst, sich ans Raumschiff zu binden.

_____

2. Der Arzt verschreibt die falsche Arznei.

_____

3. Ihr Freund verbringt zu viel Zeit im Labor.

_____

4. Wir schreiben den falschen Code.

_____

5. Ihr Freund schläft beim Experiment ein.

_____

6 **Anweisungen geben** Geben Sie den genannten Personen eine Positiv- und eine Negativanweisung.

1. Ihre Professoren: _____

_____

2. Ihre Klassenkameraden: _____

_____

3. Ihr(e) Mitbewohner(in): _____

_____

4. wir: _____

_____

7.3 Adverbs

1 Außerirdisches Leben suchen Wählen Sie das richtige Adverb für jeden Satz.

1. Wir haben (übermorgen / kaum) einen Fortschritt gemacht.
2. Als wir (neulich / nie) mit der Suche begannen, waren wir optimistisch.
3. Wir suchen (heute seit einem Jahr / danach) außerirdisches Leben mit dem SETI-Projekt.
4. Das SETI-Projekt läuft (schon / noch nicht) seit den sechziger Jahren.
5. Wir wissen ganz (umso mehr / genau), dass sie da irgendwo sind.
6. Es gefällt mir (ja / zu), mit dem Radioteleskop zu arbeiten.
7. Unsere Freunde lesen (lieber / fast) Romane.
8. Wir sitzen (leider / hier) und suchen.

2 Gewissensbisse Natalie ist Studentin der Zoologie. Doch die Arbeit mit Tieren ist nicht das, was sie erwartete. Ergänzen sie den Absatz mit den richtigen Adverbien aus der Liste.

bald	immer	keineswegs	lieber	wirklich
gleich	kaum	leider	vielleicht	zu

(1) _____ hat der Fortschritt seinen Preis. Ich wollte (2) _____

Zoologin werden, denn ich liebe Tiere. (3) _____ nach dem Abitur studierte ich

Biologie an der Uni. (4) _____ musste ich im Labor arbeiten, und zwar mit Tieren.

Die Experimente verstießen nicht (5) _____ gegen meinen persönlichen Moralkodex.

Doch mir gefällt die Arbeit (6) _____. Ich sitze (7) _____ vor dem

Mikroskop. Ich weiß nicht: Ist es (8) _____ spät? Ich möchte (9) _____

Mikrobiologie studieren. Wegen der Bakterien habe ich nämlich (10) _____ Gewissensbisse.

3 Wann, wie und wo Beantworten Sie jede Frage in vollständigen Sätzen mit den Adverbien in Klammern.

Beispiel
> Wann haben Sie das Experiment fertig gemacht? (heute)
> *Wir haben das Experiment heute fertig gemacht.*

1. Wissen die Geologen, wann das nächste Erdbeben (*earthquake*) kommt? (nicht genau)

   _____

2. Wann werden Nanotechnologieprodukte verkauft? (schon)

   _____

3. Können die Astronomen Planeten in anderen Sonnensystemen finden? (gewiss)

   _____

4. Wie bekämpft man den globalen Treibhauseffekt? (leider nicht)

   _____

5. Wann läuft das Patent aus? (bald)

   _____

6. Wo liegt das Museum für Naturgeschichte? (dahinten)

   _____

Workbook

Workbook

---

4 **Erfolge** Schreiben Sie zu jedem Bild einen Satz mit Adverbien aus der Liste.

äußerst
bald
dorthin
fast
früher
hier
schon
sicherlich
später
ziemlich

1.

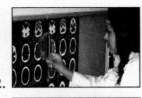
2.

3.

4.

5.

6.

1. _____
2. _____
3. _____
4. _____
5. _____
6. _____

---

5 **Sätze schreiben** Schreiben Sie vollständige Sätze mit Adverbien der Zeit, der Art und Weise oder des Ortes. Erzählen Sie, wie, wann oder wo jede Person das tut, was sie tut. Verwenden Sie mindestens zwei Adverbien für jeden Satz.

1. der Forscher / erfinden

_____

2. die Geologin / forschen

_____

3. der Mathematiker / rechnen

_____

4. die Zoologin / untersuchen

_____

5. der Wissenschaftsjournalist / schreiben

_____

---

6 **Gerade wiedergekommen** Stellen Sie sich vor, Sie sind gerade von einer Reise durch Rheinland-Pfalz, das Saarland und Baden-Württemberg zurückgekommen. Verwenden Sie Informationen aus dem Artikel in **Stellen Sie sich vor** dieser Lektion. Schreiben Sie einen Blogeintrag über Ihre Reise. Verwenden Sie mindestens sechs Adverbien aus der Liste.

| daher | dorthin | noch | vorgestern | ziemlich |
| danach | morgens | später | vorher | zu Hause |

_____
_____
_____
_____
_____
_____

AUFSATZ

Schritt 1

Lesen Sie diese Werbung für ein wunderbares neues Arzneimittel und dann folgen Sie den Anweisungen unten.

Stellen Sie sich vor, Sie sitzen zu Hause. Es wird gearbeitet… woran? An einer Seminararbeit, an einem Produktionsbericht oder an einer Marketingkampagne? Ganz egal. Schauen Sie jetzt nach oben. Was sehen Sie? Die Uhr. Schauen Sie wieder nach unten. Die Arbeit wird nicht von selbst geschrieben. Also: Konzentrieren! Oder können Sie das nicht? Gehen Sie jetzt ins andere Zimmer. Was sehen Sie? Den Fernseher. Schalten Sie ihn sofort an. Da wird Werbung gezeigt. Aber nicht nur Werbung, denn wir lernen auch etwas Neues. Mit Ralutinidat, dem neuen Arzneimittel von Megalafirma, bekommen Sie Ihr Arbeitsleben zurück! Das wurde in vielen Studien festgestellt! Sprechen Sie mit Ihrem Arzt sofort über Ralutinidat. Zu Risiken und Nebenwirkungen lesen Sie die Packungsbeilage und fragen Sie Ihren Arzt oder Apotheker.

Machen Sie einen Kreis um alle Imperativformen und unterstreichen Sie alle Passivsätze. Schreiben Sie jeden Passivsatz in einen Aktivsatz um.

_____

_____

_____

_____

_____

_____

_____

_____

_____

_____

Schritt 2

Lesen Sie nun den Absatz noch einmal und machen Sie einen Kreis um alle Adverbien. Markieren Sie, ob es ein Adverb der Zeit, Art und Weise oder des Ortes ist.

_____

_____

_____

_____

_____

_____

_____

_____

_____

Schritt 3

Nun sind Sie dran. Schreiben Sie selbst einen Werbespot für Ihre eigene Erfindung. Schreiben Sie mindestens 10 Sätze. Verwenden Sie Passivsätze und Passivalternativen, Imperativsätze und Adverbien der Zeit, der Art und Weise und des Ortes.

_____

_____

_____

_____

_____

_____

_____

_____

_____

_____

_____

_____

_____

_____

_____

_____

_____

_____

_____

_____

_____

_____

_____

_____

_____

_____

_____

_____

ZU BEGINN

Lektion 8

1 **Welches Wort gehört nicht dazu?** Sehen Sie sich die Wörter an und machen Sie in jeder Reihe einen Kreis um das Wort, das nicht dazugehört. Dann ergänzen Sie die Sätze unten mit den umkreisten Wörtern.

A.
    a. zerstören / erhalten / kämpfen / verbrauchen

    b. die Bodenschätze / das Verbrechen / der Richter / das Opfer

    c. die Wahl / die Politik / das Gewissen / das Gift

    d. gemäßigt / trinkbar / umweltfreundlich / wiederverwertbar

B.
    1. Im Trinkwasser gibt es zu viel _____.

    2. Die Umwelt muss man _____.

    3. Seine Meinung ist nicht _____, sondern extrem.

    4. Politiker streiten sich über _____.

2 **Was passiert hier?** Wählen Sie die richtige Aussage zu jedem Bild.

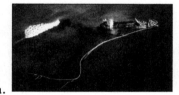

a.

b.

c.

d.

e.

f.

_____ 1. Wissenschaftler warnen vor den Konsequenzen der Klimaerwärmung.

_____ 2. Zu viele Autos können die Umwelt zerstören.

_____ 3. Hier kann man Flaschen und Papier recyceln.

_____ 4. Hier sieht man ein Beispiel für Umweltverschmutzung.

_____ 5. Das Wasser hier ist nicht trinkbar.

_____ 6. Johann verbessert die Landschaft in seiner Stadt.

3 **Aus der Studentenzeitung** Gerhard schreibt einen Meinungsartikel für die Studentenzeitung. Ergänzen sie den Artikel mit den richtigen Wörtern aus der Liste unten.

Aussterben	Gewissen	Klimaerwärmung	Umweltschutz	verurteilen
fördern	Gift	Politik	verabschieden	zerstören

Wo bleibt das (1) _____ der zivilisierten Welt? Zukünftige Generationen werden uns

(2) _____. Jeden Tag kämpfen Tiere gegen das (3) _____. Wir verbrennen

Gas und Öl und (4) _____ damit die Umwelt. Jeden Sommer steigt die Temperatur wegen

der (5) _____ an. Die Industrie und Autos bringen (6) _____ in die

Luft. Die (7) _____ muss den (8) _____ (9) _____. Ich

glaube, man kann genug Gesetze (10) _____, um die Probleme zu lösen.

4 **Wie steht es mit Ihnen?** Beantworten Sie die folgenden Fragen in vollständigen Sätzen.

1. Welche Umweltprobleme sind Ihnen am wichtigsten?

   _____

   _____

2. Ist Ihnen die Umwelt überhaupt wichtig? Wie helfen Sie der Umwelt?

   _____

   _____

3. Inwiefern kann eine Regierung die Umwelt erhalten? Was können Politiker besser machen?

   _____

   _____

4. Welche politischen Probleme sind Ihnen wichtig? Ist Umweltschutz wichtiger als andere Probleme?
   Wenn nicht, welche Probleme sind wichtiger?

   _____

   _____

   _____

5 **Wir haben Probleme!** Schreiben Sie einen Brief an die Stadt- oder Kreisregierung. Sie fordern
(*demand*) mehr Umweltschutz in dem Ort, in dem Sie leben. Schlagen Sie umweltfreundliche Ideen vor.
Verwenden Sie Wörter aus der Lektion und mindestens acht Wörter aus der folgenden Liste.

das Aussterben	erhalten	die Meinung	retten	ein Gesetz verabschieden
die Angst	die Freiheit	die Ökologie	ruhig	verbrauchen
die Bodenschätze	die Gerechtigkeit	recyceln	trinkbar	zerstören

_____

_____

_____

_____

_____

_____

_____

_____

_____

_____

_____

_____

_____

_____

Workbook

KURZFILM

Spelunkers

1   **Verstehen Sie?** Beantworten Sie die folgenden Fragen zum Film *Spelunkers*.

1. Der Schläger ist etwas bestürzt. Warum?

    _____

2. Wovor hat die Leiterin Angst?

    _____

3. Was ist Pfand?

    _____

4. Was wollen diese Menschen zerstören?

    _____

5. Seit wann besteht das Duale System in Deutschland?

    _____

6. Warum sagt die Leiterin, dass die deutschen Gesetze des Dualen Systems heuchlerisch sind?

    _____

7. Kann auch das Aluminium der Joghurtverpackung zum Recycling in die gelbe Tonne geworfen werden? Wie?

    _____

8. Was meint die Leiterin: „Warum hat die Regierung die Gesetze des Dualen Systems verabschiedet?"

    _____

2   **Erfolg!**

Die deutschen Bürger haben den Grünen Punkt zerstört! Damit stirbt das Duale System. Hurra! Was nun? Stellen Sie sich vor, die Figuren im Film haben das Monster des Grünen Punktes getötet. Wie kann der Film jetzt enden?

_____

_____

_____

_____

_____

_____

_____

_____

STELLEN SIE SICH VOR

Sachsen-Anhalt, Thüringen und Hessen

Städte an Flüssen Ergänzen Sie jeden Satz mit dem passenden Wort aus der Liste.

Alphastadt	jährlich	Messestadt	Wasserstraßenkreuz
Börse	Literaturgeschichte	Strom	Zinsraten

1. Frankfurt gilt als _____, weil es ein Finanzzentrum ist.

2. Die _____ hängen von der Deutschen Bundesbank ab.

3. Als _____ ist Frankfurt seit dem Mittelalter wichtig.

4. Die Frankfurter Buchmesse findet _____ statt.

5. An der _____ kann man Aktien kaufen oder verkaufen.

6. In Weimar haben wichtige Figuren der deutschen _____ gearbeitet.

7. Auf dem _____ können Schiffe über die Elbe zwischen zwei Kanälen fahren.

8. Die Trogbrücke trägt einen _____ von 4,25 m Tiefe.

Entdecken wir...

Wer das Geld hat... Beschreiben Sie das Bild. Was ist das? Was wissen Sie darüber?

_____

_____

_____

_____

_____

_____

_____

_____

_____

_____

_____

_____

_____

_____

STRUKTUREN

8.1 *Der Konjunktiv II* and *würde* with the infinitive

1 **So ist es aber nicht** Wählen Sie die richtige Konjunktivform.

1. _____ du Geld an eine Ökostiftung (*eco foundation*)?

     a. Gäbe   b. Gabst   c. Gäbest   d. Gibst

2. Wenn ich mehr Geld _____, würde ich das machen.

     a. verdiente   b. verdientest   c. verdienen   d. verdient

3. Du _____ dann mehr Energie mit einem größeren Haus verbrauchen.

     a. würden   b. wirst   c. wurdest   d. würdest

4. Ja, aber wenigstens _____ ich mehr Geld.

     a. hätte   b. hatte   c. habe   d. hätten

5. Dann _____ du, dass du etwas Gutes machst, wenn du eigentlich nicht hilfst.

     a. denkst   b. dächtest   c. denken   d. dachtest

2 **Wie wäre es, wenn...?** Angelika träumt und schreibt darüber in ihr Tagesbuch. Ergänzen Sie den Absatz mit der richtigen Konjunktivform des Verbs in Klammern.

Die Welt ist nicht perfekt. Das weiß jeder. Doch wie (1) _____ meine ideale

Welt _____ (aussehen)? Was (2) _____ (werden) ich machen,

wenn ich Präsidentin (3) _____ (sein)? Ich liebe Tiere und glaube, dass sie frei

leben wollen. Deswegen (4) _____ (geben) es keine Haustiere. Für die freien

Tiere (5) _____ (werden) ich auch die Natur schön und rein erhalten. Also

(6) _____ (verbieten) ich Autos und Industrie. Städte (7) _____

(haben) wir auch nicht mehr. Stattdessen (8) _____ (wachsen) Wald überall. Am besten

(9) _____ (sein) es, wenn die Menschen alle unter der Erde (10) _____

(leben). Dann können sie die Luft und das Wasser nicht mehr verschmutzen. Ach! So wird es leider nie sein!

3 **Wenn und Konjunktiv II** Formulieren Sie jeden Satz neu mit dem Konjunktiv II.

> **Beispiel**
>
> Wenn nicht ich die Bodenschätze verteidige, macht das sonst niemand.
> *Wenn nicht ich die Bodenschätze verteidigte, würde das sonst niemand machen.*

1. Wenn wir Atomkraftwerke bauen, zerstören wir die Umwelt.

_____

2. Wenn Politiker sich streiten, erreichen sie nicht viel.

_____

3. Wenn du Gefangene (*prisoners*) missbrauchst, verletzt du die Menschenrechte.

_____

4. Wenn wir für die Umwelt kämpfen, arbeiten wir zusammen.

_____

5. Wenn die Aktivisten etwas Illegales machen, helfen sie niemandem.

_____

Workbook

Workbook

4 **Konjunktiv schreiben** Bilden Sie aus den angegebenen Elementen vollständige Sätze im Konjunktiv II.

1. der Zeuge / sehen / nicht / das Verbrechen / wenn / sein / zu Hause

_____

2. die Rechtsanwältin / verteidigen / der Kriminelle / nicht / umsonst

_____

3. die Polizisten / schützen / das Opfer / wenn / sie / haben / Angst / um / sein Leben

_____

4. mein Gewissen / sein / besser / wenn / ich / sein / unschuldig

_____

5. meine Meinung / von / die Politiker / sein / besser / wenn / erhalten / sie / die Umwelt

_____

6. ich / sich widmen / der Naturschutz / wenn / ich / haben / Zeit / für so etwas

_____

5 **Und was dann?** Erzählen Sie, was jede Person in der betreffenden Situation machen würde.
Verwenden Sie den Konjunktiv II. Seien Sie kreativ!

> **Beispiel**
>
> Wenn der Kriminelle schuldig wäre, **würde man ihn bestrafen.**

1. Wenn der Aktivist demonstrierte, _____

2. Wenn die Naturschützerin friedlich kämpfte, _____

3. Wenn das Opfer Gerechtigkeit suchte, _____

4. Wenn die Menschen ausstürben, _____

5. Wenn die Pazifisten sich stritten, _____

6. Wenn die Politiker das Gesetz verabschiedeten, _____

6 **Alarm!** Schreiben Sie einen Meinungsartikel für die Studentenzeitung. Schreiben Sie, was passieren
würde, wenn man die Umwelt nicht schützte. Bilden Sie mindestens fünf Sätze mit dem Konjunktiv II.

_____

_____

_____

_____

_____

_____

_____

_____

_____

_____

_____

_____

_____

_____

_____

8.2 *Der Konjunktiv II* of modals

1 **Für wen stimmen?** Gerhard kann sich nicht entscheiden, für welche politische Partei er stimmen will. Ergänzen Sie jeden Satz. Wählen Sie die richtige Konjunktivform des Modalverbs.

1. Ich (mochte / möchte) für die FDP stimmen.
2. Diese Partei (könnte / konnte) die Wirtschaft verbessern.
3. Ich (wollte / wolle) aber auch die Umwelt schützen.
4. Die FDP (dürfte / durfte) sich nicht für Umweltschutz interessieren.
5. (Soll / Sollte) ich für die Grünen stimmen?
6. Ich (möchte / mochte) doch nicht noch mehr recyceln.

2 **Weimar besuchen** Ergänzen Sie das Gespräch. Schreiben Sie die richtige Konjunktivform des Modalverbs in Klammern in die Lücke.

DANIELA Wann (1) _____ (wollen) du Weimar besuchen?

ANTJE Weimar? Warum Weimar?

DANIELA Du hast gesagt, dass du Weimar besuchen (2) _____ (mögen).
(3) _____ (Können) du dich entscheiden, wann wir fahren?

ANTJE Ah, ja. Wir (4) _____ (sollen) seit langem das Goethehaus in Weimar besuchen. Wir (5) _____ (müssen) nämlich auch das Nationaltheater sehen.

DMITRI Ich weiß. Du liebst Goethe. Worauf warten wir? Wir (6) _____ (können) heute schon abfahren, wenn du dich entscheiden (7) _____ (können).

ANTJE Heute? Nein, das ist zu früh. Wir (8) _____ (sollen) vielleicht nächste Woche fahren.

DANIELA Nächste Woche klingt gut.

3 **Vielleicht etwas zu radikal** Asaph hat eine Liste gemacht. Die Liste beschreibt, was die Menschen machen können, um der Umwelt zu helfen. Nun ist er aber nicht mehr so ganz sicher. Formulieren Sie die Sätze neu, indem Sie die Modalverben in die Konjunktivform setzen.

1. Die Regierung kann einen Naturlehrpfad bauen.

   _____

2. Man soll ein Gesetz gegen Autos verabschieden.

   _____

3. Man darf nicht mehr fliegen.

   _____

4. Man soll überall zu Fuß hingehen.

   _____

5. Die Polizei muss Industriekapitäne einsperren.

   _____

6. Man darf keine Batterien verbrauchen.

   _____

7. Man muss alle Flaschen recyceln.

   _____

8. Die Regierung soll keine Atomkraftwerke betreiben.

   _____

Workbook

4 **In Bildern** Sehen Sie sich die Fotos an und beantworten Sie jede Frage mit der Konjunktivform eines Modalverbs.

1.

2.

3.

4.   5.   6.

1. Sollen wir Schildkröten aussterben lassen? _____

_____

2. Darf man Ökotourismus fordern (*demand*)? _____

_____

3. Können die Zoos den Naturschutz unterstützen? _____

_____

4. Wie kann man die Landschaft erhalten? _____

_____

5. Kann die Klimaerwärmung auch Vorteile bringen? _____

_____

6. Was können Wissenschaftler für die Umwelt machen? _____

_____

5 **Was könnten wir machen?** Sie und Ihre deutsche Brieffreundin wollen sich nächsten Monat in Frankfurt treffen. Sie besprechen mögliche Aktivitäten für die Reise. Verwenden Sie Informationen aus dem Artikel im Teil **Stellen Sie sich vor** dieser Lektion und schreiben Sie eine E-Mail an Ihre Brieffreundin. Beschreiben Sie, was Sie während der Reise machen könnten, sollten, dürften oder möchten. Bilden Sie mindestens fünf Sätze mit Konjunktiv II.

_____

_____

_____

_____

_____

_____

_____

Workbook

8.3 Demonstratives

1 **Die Aktivisten** Ergänzen Sie den Text mit den richtigen Demonstrativpronomen aus der Liste.

demjenigen	die	diejenige	diese	dieses	jene	selbst	solche

(1) _____ Aktivisten, die mir über die Demonstration erzählten, sind nicht hier.
Wo bleiben (2) _____? (3) _____ Demo ist nicht unwichtig. Morgen
entscheidet die Kanzlerin, ob das Ökogesetz verabschiedet wird. (4) _____, die mich
überzeugt haben, mitzumachen, sind nicht dabei! (5) _____ unzuverlässigen Menschen
brauchen wir nicht. Karl ist (6) _____ dabei, und ihm ist die Umwelt egal.
(7) _____ Gesetz muss verabschiedet werden. Ich habe mit (8) _____
Politiker gesprochen, der das Gesetz vorgeschlagen hat. Er meint, wenn wir nur etwas Druck
(*pressure*) machen, wird die Kanzlerin das Gesetz verabschieden. Jeder muss dabei sein!

2 **Schlechte Politikerin** Marcello und Rachel sprechen über zwei Politikerinnen, Michaela Bakkus und
Claudia Mailänder, die gerade im Fernsehen debattieren. Schreiben Sie die richtigen Demonstrativpronomen
in die Lücken. Die Pronomen müssen auf die unterstrichenen Satzelemente verweisen.

1. **MARCELLO** Ich sehe da Michaela Bakkus. <u>Sie</u> will nichts für die Menschenrechte tun. Für
_____ werde ich nicht stimmen.

2. **RACHEL** Sie würde auch <u>Machtmissbrauch</u> begehen. _____ Missbrauch können
wir nicht akzeptieren.

3. **MARCELLO** Sie glaubt nicht an Freiheit und Gerechtigkeit. Sie hat das _____ gesagt!

4. **RACHEL** Michaela Bakkus will auch <u>ihre Kritiker</u> einsperren. Sie behauptet, dass
_____ Staatsfeinde sind.

5. **MARCELLO** Würde sie etwas gegen <u>die Probleme</u> der Klimaerwärmung und
Umweltverschmutzung tun? _____ Probleme sind sehr groß!

6. **RACHEL** Das ist _____ Frage, die ich habe. <u>Die Frage</u> will sie nicht beantworten!

3 **Dieselbe Situation** Beantworten Sie jede Aussage, indem Sie erzählen, dass dieselbe Antwort für
das gilt, was in Klammern steht. Verwenden Sie die richtige Form von **der-/die-/dasselbe**.

> **Beispiel**
>
> Atomkraftwerke machen viele Probleme. (andere Kraftwerke)
> *Andere Kraftwerke machen dieselben Probleme.*

1. Die Richterin hat einen Fehler gemacht. (der Rechtsanwalt)

_____

2. Die Politiker haben Angst vor Gewalt. (ich)

_____

3. Seine Grausamkeit bereitet dem Kriminellen ein schlechtes Gewissen. (seine Verbrechen)

_____

4. Liberale Aktivisten fördern die Gerechtigkeit. (konservative Aktivisten)

_____

5. Ich widme mich dem Naturschutz. (wir alle)

_____

Workbook

4 **Was machen die da?** Schreiben Sie zu jedem Bild Sätze mit Demonstrativpronomen.

 1.    2.    3.

 4.    5.    6.

1. _____

2. _____

3. _____

4. _____

5. _____

6. _____

5 **Umweltfreundlich?** Sehen Sie sich die Bilder an und vergleichen Sie die Menschen. Schreiben Sie mindestens sechs Sätze mit Demonstrativpronomen.

_____

_____

_____

_____

_____

_____

_____

_____

Workbook

AUFSATZ

Schritt 1

Lesen Sie diesen Zeitungsartikel über Umweltprobleme. Bearbeiten Sie dann die Aufgaben unten.

Für welche Umweltprobleme wären nach Meinung der deutschen Bevölkerung am dringendsten neue Gesetze notwendig? Ganz klar: Luftverschmutzung und Klimaerwärmung. Mit der Luftverschmutzung müsste jeder Stadtbewohner schon vertraut sein. Könnte man bald auch die Folgen der Klimaerwärmung in Deutschland merken (_notice_)? Im 20. Jahrhundert sind die Durchschnittstemperaturen um 0,7 Grad gestiegen. Dasselbe gilt für den Meeresspiegel. Er ist seit den 90er Jahren drei Millimeter im Jahr gestiegen. Und es könnte noch schlimmer werden. Nach Meinung der deutschen Bevölkerung sollte man diese Probleme endlich lösen. Aber wie? Dieselbe Bevölkerung, die die Probleme und deren Konsequenzen versteht, kann sich anscheinend (_obviously_) kaum für Lösungen entscheiden. Was würde helfen? Solche Gesetze, die politisch akzeptabel wären, könnten nicht verabschiedet werden. Andere Ideen dürften einfach nicht genug erreichen. Während die Deutschen wieder wählen gehen, werden diese Fragen nicht entschieden.

Unterstreichen Sie alle Verben im Konjunktiv II und schreiben Sie den Infinitiv. Markieren Sie, welche Verben Modalverben sind.

_____

_____

_____

_____

_____

_____

_____

_____

_____

Schritt 2

Lesen Sie nun den Absatz noch einmal und machen Sie einen Kreis um alle Demonstrativpronomen. Markieren Sie, ob ein Pronomen im Nominativ, Akkusativ, Dativ oder Genitiv steht.

_____

_____

_____

_____

_____

_____

_____

_____

Workbook

Workbook

Schritt 3

Nun schreiben Sie einen Leserbrief an die Redakteurin der Zeitung. Schreiben Sie mindestens 10 Sätze, in denen entweder Konjunktiv II und würden [+ *infinitiv*], Konjunktiv II mit Modalverben oder Demonstrativpronomen vorkommen.

_____

_____

_____

_____

_____

_____

_____

_____

_____

_____

_____

_____

_____

_____

_____

_____

_____

_____

_____

_____

_____

_____

_____

_____

_____

_____

_____

_____

_____

_____

_____

1 **Was passt zusammen?** Identifizieren Sie jedes Verb in der linken Spalte mit dem verwandten Wort in der rechten Spalte.

_____ 1. sich bewerben   a. die Börse

_____ 2. eine Hypothek aufnehmen   b. die Geschäftsführerin

_____ 3. einstellen   c. die Stelle

_____ 4. anlegen   d. die Schulden

_____ 5. entlassen   e. der Angestellte

_____ 6. leiten   f. die Wirtschaftskrise

2 **Andrea und Helena diskutieren ihre Arbeitssituation** Ergänzen Sie das Gespräch mit den richtigen Wörtern aus der Liste.

Arbeitsamt	Chef	kündigen	Qualifikation	Stelle
Buchhalterin	einstellen	kurzfristig	sparen	Wirtschaftskrise

ANDREA Sag mal, Helena, du siehst ja so glücklich aus! Weißt du nicht, dass wir eine
(1) _____ haben?

HELENA Oh ja, und ob ich das weiß. Jedenfalls (2) _____ ich heute meine Arbeit.

ANDREA Was?! Bist du wahnsinnig (_insane_)? Ich war gerade beim (3) _____. Ich bin seit Monaten auf der Suche nach einer (4) _____. Ich finde nichts und du kündigst einfach so?

HELENA Ja, aber ich habe es mir überlegt. Ich habe viel (5) _____. Der (6) _____ wollte mich sowieso feuern. Dann gehe ich eben.

ANDREA Jetzt verstehe ich dich schon besser. Hast du denn auch gute (7) _____, wenn du jetzt wieder Arbeit suchst?

HELENA Du weißt doch, ich bin (8) _____. Da findet man leicht Arbeit.

3 **Fragen beantworten** Beantworten Sie die Fragen in vollständigen Sätzen.

1. Was für eine Stelle werden Sie nach dem Studium suchen?

_____

2. Was ist Ihnen wichtiger im Beruf: die Freude an der Arbeit oder das Geld?

_____

3. Wie viele Stunden arbeiten Sie jetzt jede Woche? Werden Sie nach dem Studium mehr oder weniger Stunden arbeiten?

_____

4. Haben Sie Angst vor Vorstellungsgesprächen? Warum, warum nicht?

_____

5. Finden Sie es leicht, Geld zu sparen? Warum, warum nicht?

_____

4 **Bilder beschreiben** Sehen Sie sich die Bilder an und beschreiben Sie sie.

1.   2.   3.

1. _____

_____

2. _____

_____

3. _____

_____

5 **Die ideale Arbeit** Schreiben Sie einen Absatz über Ihre ideale Arbeitsstelle. Wo arbeiten Sie und für wen? Was für eine Arbeit ist das?

_____

_____

_____

_____

_____

_____

_____

_____

_____

_____

_____

_____

_____

_____

_____

_____

_____

_____

_____

KURZFILM

15 Minuten Wahrheit

1   **Verstehen Sie?** Beantworten Sie die folgenden Fragen zum Film *15 Minuten Wahrheit*.

1. Wie werden Wirtschaft und Arbeitsmarkt am Anfang des Films beschrieben?

_____

2. Worüber spricht Komann, als er sich mit Berg trifft?

_____

3. Was braucht man, um Geld von dem Konto zu bekommen?

_____

4. Was sagt Komann, woher das Geld auf dem Konto kommt?

_____

5. Warum erzählt Komann von diesem Konto? Was will er von Berg?

_____

6. Warum ruft Berg die Bank an?

_____

7. Warum tut Berg so, als ob Komann doch etwas wüsste, als er festgenommen wird?

_____

8. Warum wird Komann freigelassen?

_____

2   **Das soll wahr sein?**

Gibt es für manche Menschen andere Spielregeln als für andere? Einige Gesetze scheinen für bestimmte Leute nicht zu gelten (*apply*). Das sind nur Erzählungen, oder? Wie realistisch ist der Film *15 Minuten Wahrheit*? Könnte so etwas passieren? Wird die Handlung unrealistisch? Wenn Sie die Handlung des Films unrealistisch finden, schreiben Sie, weshalb Sie dieser Meinung sind. Wie könnte der Film realistischer sein? Wenn Sie meinen, dass so etwas doch passieren könnte, erzählen Sie, wie es nach dem Ende des Films weitergeht. Was machen Komann, sein Mitarbeiter und seine Kollegin, nachdem Sie Jaffcorp verlassen?

_____

_____

_____

_____

_____

_____

_____

Workbook

STELLEN SIE SICH VOR

Die Schweiz und Liechtenstein

Banken, Universitäten und Fürsten Ergänzen Sie die Sätze mit den richtigen Antworten.

1. Die Schweiz ist _____ Land, das nicht zur EU gehört.

   a. ein unabhängiges   b. ein abhängiges   c. ein kurzfristiges

2. Den wichtigsten _____ in der Schweiz bilden die Banken.

   a. Hypothek   b. Wirtschaftssektor   c. Gewerkschaft

3. Basel ist nicht militärisch, sondern akademisch _____.

   a. eine Hochburg   b. ein Lohn   c. ein Immobilienmarkt

4. Liechtenstein wird von einem _____ regiert.

   a. Geschäftsführer   b. Chef   c. Fürsten

5. Wer _____ hat, sollte nicht mit dem Glacier Express fahren.

   a. Tapferkeit (*courage*)   b. Karriere   c. Höhenangst

6. Wenn man ein Edelweiß sehen will, muss man es _____ suchen.

   a. am Berghang   b. beim Wasserturm   c. an der Börse

Entdecken wir...

An Bord der Landschaft Beschreiben Sie das Bild. Was und wo ist das? Was wissen Sie darüber?

_____

_____

_____

_____

_____

_____

_____

_____

_____

_____

_____

_____

STRUKTUREN

9.1 *Der Konjunktiv II der Vergangenheit*

1 **Andere Arbeit** Ergänzen Sie jeden Satz mit der richtigen Form des Verbs in Klammern im **Konjunktiv II der Vergangenheit.**

1. Vielleicht _____ wir besser im Ausland _____. (studieren)
2. Dann _____ du auch mehr Lebenserfahrung _____. (haben)
3. Ich _____ für den Arbeitsmarkt besser vorbereitet _____. (sein)
4. Ich _____ meine erste Stelle als Geschäftsführer _____. (finden)
5. Vielleicht _____ du mit 40 in Rente _____. (gehen)
6. Wir _____ viel mehr Geld _____. (sparen)

2 **Wenn es so gewesen wäre...** Schreiben Sie jeden Satz noch einmal. Verwenden Sie den **Konjunktiv II der Vergangenheit.**

> **Beispiel**
>
> Wenn ich Überstunden machen würde, bekäme ich eine Beförderung.
> *Wenn ich Überstunden gemacht hätte, hätte ich eine Beförderung bekommen.*

1. Wenn ich eine Hypothek aufnähme, würde ich ein Haus kaufen.

   _____

2. Wenn ich eine Ganztagsstelle hätte, würde ich Geld sparen.

   _____

3. Wenn ich Praktikantin bei Siemens wäre, hätte ich bessere Chancen auf dem Arbeitsmarkt.

   _____

4. Wenn es keine Wirtschaftskrise gäbe, würde ich in eine Firma investieren.

   _____

5. Wenn ich einen besseren Beruf hätte, würde ich mehr Geld verdienen.

   _____

3 **So ganz, ganz anders** Silvia und Julia sind Zwillinge. Sie sind aber ganz verschieden. Lesen Sie, was Silvia heute auf der Arbeit gemacht hat. Dann schreiben Sie mit den angegebenen Aussagen, was Julia gemacht hätte.

> **Beispiel**
>
> Silvia ist früh nach Hause gefahren. (Überstunden machen)
> *Julia hätte Überstunden gemacht.*

1. Silvia hat die Praktikantin die ganze Arbeit machen lassen. (selbst machen)

   _____

2. Silvia hat eine lange Mittagspause im Restaurant verbracht. (ein Butterbrot mitbringen)

   _____

3. Silvia hat für mehr Urlaubstage gestreikt. (auf der Arbeit bleiben)

   _____

4. Silvia hat die Großzügigkeit Ihres Chefs ausgenutzt. (fleißiger sein)

   _____

5. Silvia hat sich auf eine bessere Stelle beworben. (eine Beförderung bekommen)

   _____

Workbook

4 **Sich andere Lösungen vorstellen** Verwenden Sie den **Konjunktiv II der Vergangenheit**, um zu erzählen, wie man jede Situation hätte vermeiden (*avoid*) können.

> **Beispiel**
>
> Alice hat sich zur Arbeit verspätet.
> **Wenn sie den Zug nicht verpasst hätte, hätte sie sich nicht zur Arbeit verspätet.**

1. Christian hat dieses Jahr keinen Urlaubstag genommen.

_____

2. Die Inhaberin der Firma hat viel Geld wegen der Wirtschaftskrise verloren.

_____

3. Die Sekretärin hat ihre Stelle gekündigt.

_____

4. Die Gewerkschaft hat gestreikt.

_____

5. Anis hat nur eine kurzfristige Arbeit gefunden.

_____

6. Die Schulden haben Margarete in den Konkurs getrieben.

_____

5 **Was ich gemacht hätte** Wählen Sie mindestens vier der Situationen unten. Erzählen Sie, was Sie in jeder Situation gemacht hätten. Verwenden Sie den **Konjunktiv II der Vergangenheit**.

- Mark hat seine Arbeitstelle verloren.
- Katja hat die Hypothek nicht bezahlt.
- Sandra hat die Ferien durchgearbeitet.
- Samantha hat ihre ganzen Ersparnisse für einen BMW ausgegeben.
- Alain ist auf dem Arbeitsmarkt nicht erfolgreich gewesen.
- Wegen der Wirtschaftskrise ist Antje nicht in Rente gegangen.
- Holger hat seinen Chef beleidigt (*insulted*).
- Anke hat nichts gespart.

_____

_____

_____

_____

_____

_____

_____

_____

_____

_____

9.2 Plurals and compound nouns

1 **Pluralform** Bilden Sie die Pluralform jedes Wortes.

1. die Mannschaft _____
2. der Vorteil _____
3. das Opfer _____
4. das Ferngespräch _____
5. der Rechner _____
6. die Spielzeit _____
7. der Freitag _____
8. das Plätzchen _____
9. die Verlegerin _____
10. die Entdeckung _____

2 **Die Schweiz besuchen** Ergänzen Sie Michaels Blogeintrag über seine Reise in die Schweiz. Schreiben Sie die richtige Pluralform des Substantivs in Klammern.

Wie oft habe ich davon geträumt! Vor einigen (1) _____ (der Tag) bin ich endlich in die Schweiz gereist. Ich kann zwei der vier (2) _____ (die Sprache) der Schweiz sprechen: Deutsch und Französisch. Also werde ich die folgenden (3) _____ (die Stadt) besuchen: Basel, Zürich und Genf. Vielleicht werde ich auch Luzern besuchen, aber dort gibt es zu viele (4) _____ (der Tourist). Ich interessiere mich sehr für alte (5) _____ (das Gebäude). Deswegen werde ich auf jeden Fall die (6) _____ (die Kirche) in jeder Stadt besuchen. Zürich hat interessante (7) _____ (das Museum), die ich besuchen möchte. In Genf ist eine der größten (8) _____ (die Fontäne) der Welt, der „Jet d'Eau". Während ich in der Schweiz bin, überlege ich mir, ob ich dort studieren möchte. Die Schweiz hat gute (9) _____ (die Universität). Wenn ich BWL studiere, gibt es viele (10) _____ (die Möglichkeit) für Praktika.

3 **Singular und Plural** Gibt es einen Streik? Werden die Arbeiter entlassen? Schreiben Sie jeden Satz noch einmal, aber mit allen Singularformen im Plural.

> **Beispiel**
>
> Der Angestellte hat eine Beförderung bekommen.
> **Die Angestellten haben Beförderungen bekommen.**

1. Die Angestellte hat einen Urlaubstag genommen.

   _____

2. Die Arbeitszeit wird immer länger.

   _____

3. Deswegen organisiert die Gewerkschaft einen Streik.

   _____

4. Der Teilzeitarbeiter verdient zu wenig.

   _____

5. Die Personalmanagerin will die Arbeiterin feuern.

   _____

6. Der Inhaber möchte einen Streik vermeiden.

   _____

4 **Sogar mehr** Beantworten Sie jede Frage mit einer Pluralform. Verwenden Sie die angegebenen Wörter oder Aussagen.

> **Beispiel**
>
> Arbeitet eine Praktikantin im Büro? (zwei)
> *Zwei Praktikantinnen arbeiten im Büro.*

1. Hat unser Kollege die richtige Qualifikation? (viele)
_____

2. Hat der Sekretär einen Brief geschrieben? (drei)
_____

3. Hat der Personalmanager meinen Lebenslauf bekommen? (mehrere)
_____

4. Wird die Firma eine Teilzeitstelle anbieten? (vier)
_____

5. Hast du eine Hypothek auf das Haus aufgenommen? (zwei)
_____

6. Müssen wir einen Kollegen entlassen? (drei)
_____

5 **Bilder beschreiben** Schreiben Sie einen Satz über jedes Bild mit den Pluralformen der Wörter aus der Liste. Verwenden Sie mindestens ein Wort aus der Liste für jeden Satz.

der Angestellte	der Inhaber	die Praktikantin
die Arbeitszeit	die Karriere	die Stelle
der Beruf	der Kollege	der Urlaubstag
die Geschäftsführerin	der Lohn	die Zahl

1. 2. 3.

1. _____
_____

2. _____
_____

3. _____
_____

6 **Vorstellungsbrief** Das Semester ist fast zu Ende und Sie suchen eine Arbeitsstelle für die Sommerferien. Schreiben Sie einen kurzen Brief. Beschreiben Sie Ihre Arbeitserfahrungen und Interessen. Verwenden Sie mindestens sechs Pluralformen und zwei zusammengesetzte Substantive.

_____
_____
_____
_____
_____

9.3 Two-part conjunctions

1 **Immer nur arbeiten – und wofür?** Verbinden Sie jeden Satzanfang auf dem linken Spalte mit dem Satzende auf dem rechten Spalte, das den Satz sinnvoll ergänzt.

_____ 1. Entweder der Chef feuert dich…   a. mal ist sie sehr schlecht gelaunt.

_____ 2. Du hast deine Arbeit zwar gut gemacht, …   b. ob sie die Chefin wäre.

_____ 3. Mal hat die Sekretärin gute Laune (*mood*), …   c. es könnte aber illegal sein.

_____ 4. Einerseits ist sie zu manchen sehr freundlich, … d. oder er gibt dir eine Beförderung.

_____ 5. Sie tut, als…   e. desto weniger verdiene ich.

_____ 6. Manchmal glaube ich, je mehr ich arbeite, …   f. andererseits ist sie zu einigen unfreundlich.

2 **Vielleicht nächstes Jahr** Sie haben sich um eine Stelle bei einer Firma beworben. Von dieser Firma haben Sie gerade einen Brief bekommen. Ergänzen Sie den Brief mit den richtigen zweiteiligen Konjunktionen aus der Liste.

angenommen, dass	entweder… oder	weder… noch
dass… wenn	nicht nur… sondern auch	zwar… aber

Sehr geehrte Frau Nirgenkenn,

(1) _____ sind Ihre Qualifikationen bemerkenswert, wir können Sie _____

im Moment nicht anstellen. (2) _____ die akademischen Qualifikationen passen,

_____ Ihre Berufserfahrung ist genau richtig. Wegen der Wirtschaftskrise können

wir aber (3) _____ Beförderungen geben _____ neue Angestellte

beschäftigen. (4) _____, _____ Sie nächstes Jahr noch Arbeit suchen,

bitten wir Sie, sich dann (5) _____ wieder bei uns zu melden, _____ uns

einen neuen Lebenslauf zu schicken. Wir glauben, (6) _____ wir Sie anstellen können,

_____ der Markt für unsere Produkte nächstes Jahr besser wird.

Mit freundlichen Grüßen,

Alex Toumas, Personalmanager

3 **Wirtschaftskrise und Arbeit** Bilden Sie aus jedem Satzpaar einen Satz mit den zweiteiligen Konjunktionen in Klammern.

> **Beispiel**
>
> Die Firma ist erfolgreich. Die Angestellten sind zufrieden. (nicht nur… sondern auch)
> *Nicht nur ist die Firma erfolgreich, sondern auch die Angestellten sind zufrieden.*

1. Die Firma hat keine Schulden. Die Firma hat keine Ersparnisse. (weder… noch)

   _____

2. Ich arbeite freitags nicht. Ich arbeite montags nicht. (mal… mal)

   _____

3. Man arbeitet weniger. Weniger Angestellte werden entlassen. (je… desto)

   _____

4. Ich spare Geld. Ich kann die Hypothek bezahlen. (nur wenn)

   _____

4   **Sätze schreiben** Verwenden Sie die Satzelemente aus den drei Spalten, um fünf Sätze zu schreiben.

als ob	die Angestellte	ausnutzen
einerseits... andererseits	die Ausbildung	sich bewerben
je mehr... desto	die Berufserfahrung	einstellen
sowohl... als auch	der Chef	entlassen
teils... teils	die Ersparnis	in Rente gehen
weder... noch	die Firma	leihen
zwar... aber	der Konkurs	sparen

1. _____

2. _____

3. _____

4. _____

5. _____

5   **Fragen beantworten** Beantworten Sie jede Frage mit zweiteiligen Konjunktionen. Seien Sie kreativ.

1. Welche Qualifikationen bringen Sie für diese Arbeit mit? Haben Sie welche? (als ob)

_____

2. Wie können Sie eine Wirtschaftskrise überleben? (entweder... oder)

_____

3. Wenn Sie Geld sparen, wofür sparen Sie? (teils... teils)

_____

4. Wenn Sie Überstunden machen, warum arbeiten Sie so viel? (je mehr... desto)

_____

5. Wenn Sie sich um Arbeitsstellen beworben haben, haben Sie schon Absagen (*rejection*) bekommen? (mal... mal)

_____

6   **Tourismus in Liechtenstein** Sie arbeiten für eine Werbeagentur. Die Regierung von Liechtenstein möchte, dass Sie eine neue Website für die Tourismusbehörde schreiben. Schreiben Sie einen Text für die Behörde. Verwenden Sie mindestens fünf zweiteilige Konjunktionen. Lesen Sie den Artikel im Teil **Stellen Sie sich vor** dieser Lektion und verwenden Sie die Informationen dort.

_____

_____

_____

_____

_____

_____

_____

AUFSATZ

Schritt 1

Lesen Sie diese Stellenanzeige und folgen Sie den Anweisungen unten.

Als Sie jünger waren, hätten Sie sich für einen sowohl hoch bezahlten als auch spannenden Beruf interessiert? Wenn man Ihnen erzählt hätte, dass Sie in den schönsten Ländern der Welt arbeiten könnten, hätten Sie nicht so getan, als ob das verrückt wäre? Hätten Sie überhaupt davon geträumt, dass Sie einerseits die teuersten Steine der Welt verkauft und andererseits viel Geld verdient hätten? Lassen Sie diese Träume jetzt Wirklichkeit werden! Bewerben Sie sich um eine Stelle bei Diacorp! Bei Diacorp können Sie mal zu Hause in Europa arbeiten, mal in Afrika mit Diamanten handeln. Wir suchen nicht nur Ingenieure, sondern auch erfahrene Wachleute, Geschäftsführer und Verkäufer. Wir wollen nur dann von Ihnen hören, wenn Sie auch unter riskanten Umständen (*circumstances*) arbeiten können.

Unterstreichen Sie alle zweiteiligen Konjunktionen. Machen Sie einen Kreis um alle Verben im **Konjunktiv II der Vergangenheit**. Bilden Sie die Infinitivformen der Verben und entscheiden Sie, ob die Verben **haben** oder **sein** als Hilfsverb brauchen.

_____

_____

_____

_____

_____

_____

_____

_____

Schritt 2

Nun lesen Sie den Absatz noch einmal und machen Sie einen Kreis um alle Pluralformen. Bilden Sie die Singularform jedes Substantivs.

_____

_____

_____

_____

_____

_____

_____

_____

Schritt 3

Nun schreiben Sie einen Brief an die Firma. Erzählen Sie, warum Sie sich für eine Stelle bei Diacorp interessieren. Beschreiben Sie Ihren Hintergrund, Berufserfahrung und Qualifikationen. Schreiben Sie mindestens 10 Sätze mit Wörtern aus Lektion 9. Verwenden Sie den Konjunktiv II der Vergangenheit, Pluralformen, zusammengesetzte Substantive und zweiteilige Konjunktionen.

_____

_____

_____

_____

_____

_____

_____

_____

_____

_____

_____

_____

_____

_____

_____

_____

_____

_____

_____

_____

_____

_____

_____

_____

_____

_____

_____

_____

_____

_____

ZU BEGINN

Lektion 10

1 **Ähnliche Wörter** Machen Sie einen Kreis um das Wort, das eine ähnliche Bedeutung hat wie das fett gedruckte (*bold*) Wort.

1. **das Heer:** die Sklaverei / die Armee / faschistisch
2. **vertreiben:** stürzen / bedauern / protestieren
3. **die Diktatur:** monarchisch / liberal / die Bevölkerung
4. **kolonisieren:** kämpfen / wählen / unterdrücken
5. **die Einwanderung:** der Bürgerkrieg / die Integration / die Waffe
6. **erobern:** verschwinden / führen / besiegen

2 **Schlagzeilen ergänzen** Ergänzen Sie die Schlagzeilen mit den Wörtern aus Aktivität 1, um die Sie keine Kreise gemacht haben.

1. Kriminelle schmuggeln _____ über die Grenze.

2. Konservative _____ gegen Umweltvorschriften (*environmental regulations*).

3. Kampf gegen _____ geht weiter.

4. Gekidnappt? Außenminister von Usbekistan _____.

5. _____ von Russland will besseres Trinkwasser.

6. Deutschland _____ liberales Zuwanderungsgesetz.

7. _____ brennen, wo Diamanten gefunden werden.

8. Die neue Regierung in Weißrussland: _____ oder demokratisch?

3 **Politik in Bildern** Beschreiben Sie in zwei Sätzen, wer oder was die Menschen oder Gebäude auf diesen Bildern sind oder was sie machen. Verwenden Sie Wörter aus der Liste.

| die Bundeskanzlerin | die Demokratie | kämpfen | die Politikerin | regieren |
| die Bundesrepublik | führen | konservativ | protestieren | die Zivilisation |

1.   2.   3.

1. _____

   _____

2. _____

   _____

3. _____

   _____

Workbook

4 **Was ist das eigentlich?** Wählen Sie einen dieser Begriffe (*ideas*) und schreiben Sie eine kurze Definition dazu: **die Demokratie, die Diktatur, der Frieden, die Zivilisation.**

_____

_____

_____

_____

_____

_____

_____

_____

5 **Fragen beantworten** Beantworten Sie die folgenden Fragen in vollständigen Sätzen.

1. Welches politische System hat Ihr Heimatland? Ist es demokratisch, republikanisch, monarchisch oder anders?

_____

2. Wie würden Sie ihre politische Meinung beschreiben? Konservativ, liberal oder anders?

_____

3. Mit welchen Problemen kann Ihre Regierung gut umgehen? Mit welchen Problemen geht Ihre Regierung nicht so gut um?

_____

4. Wenn Ihr Land demokratisch ist, nehmen Sie am Wahlkampf teil? Gehen Sie zur Wahl? Warum, warum nicht?

_____

5. Welches Ereignis in der Geschichte Ihres Landes ist sehr wichtig?

_____

6 **Ein wichtiges Ereignis** Sie haben gerade ein Ereignis aus der Geschichte Ihres Landes als wichtig bezeichnet. Schreiben Sie einen Absatz darüber. Was ist passiert? Warum ist dieses Ereignis so wichtig in der Geschichte Ihres Landes? Verwenden Sie Wörter aus der Liste.

die Armee	der Bürgerkrieg	das Jahrhundert	republikanisch
befreien	demokratisch	kolonisieren	die Staatsbürgerschaft
besiegen	führen	der/die König(in)	überwinden

_____

_____

_____

_____

_____

_____

_____

_____

KURZFILM

Spielzeugland

1 **Verstehen Sie?** Beantworten Sie die folgenden Fragen zum Film *Spielzeugland*.

1. Wen sucht Marianne Meißner am Anfang des Films?

   _____

2. Welche Familie ist nicht mehr zu Hause?

   _____

3. Wohin ist die Familie Silberstein laut (*according to*) Marianne gereist?

   _____

4. Wen hat die Polizei zum Bahnhof gebracht?

   _____

5. Was erzählt Herr Silberstein Heinrich wegen des Blutes? Warum erzählt er das?

   _____

6. Wohin möchte Heinrich reisen?

   _____

7. Was wollen die Nazi-Offiziere sehen, da sie glauben, dass Heinrichs Mutter Jüdin sei (*is*)? Warum hat sie das nicht?

   _____

8. Welchen Jungen holt Heinrichs Mutter aus dem Zug?

   _____

2 **Es gibt doch kein Spielzeugland**

Als Marianne Meißner erzählt hat, dass David ihr Sohn sei, hat sie etwas sehr Gefährliches getan. Die Gefahr ist damit auch noch nicht vorbei. Einen Juden während der NS-Zeit zu verstecken, ist nicht einfach gewesen. Die Nazis haben ihr geglaubt. Aber wird sie diese Geschichte auch in weiterhin erzählen können? Was muss sie tun, um David, Heinrich und sich selbst zu schützen? Was müssen die beiden Kinder tun, um Frau Meißner zu helfen? Werden die Nachbarn ihnen helfen oder sie verraten (*betray*)? Wie sind ihre Überlebenschancen?

_____

_____

_____

_____

_____

_____

_____

STELLEN SIE SICH VOR

Brandenburg und Sachsen

Richtig oder falsch? Markieren Sie, ob die Aussagen **richtig** oder **falsch** sind. Korrigieren Sie die falschen Aussagen.

Richtig	Falsch	
○	○	1. Die Idee der Gartenstadt stammt aus England. _____
○	○	2. Eine Gartenstadt muss mindestens 32.000 Einwohner haben. _____
○	○	3. Hellerau war die erste Gartenstadt in Europa. _____
○	○	4. Hellerau wurde von Architekten geplant. _____
○	○	5. Als Emile-Jacques Dalcroze nach Hellerau umzog, ist Hellerau für die moderne Philosophie wichtig geworden. _____
○	○	6. Während der NS-Zeit und der DDR ist der Gedanke der Gartenstadt Hellerau zu Grunde gegangen. _____

Entdecken wir...

Die Erforschung des Universums Beschreiben Sie das Bild. Was ist das? Was wissen Sie darüber?

_____

_____

_____

_____

_____

_____

_____

_____

_____

_____

STRUKTUREN

10.1 *Das Plusquamperfekt*

1 **Ali im neuen Land** Wählen Sie die richtige Plusquamperfektform des Hilfsverbs, um jeden Satz zu ergänzen.

1. Nachdem Ali in Europa angekommen (hatte / war), hat er seine Muttersprache kaum gesprochen.
2. Er ist ausgewandert, da sein Heimatland sich technologisch nicht genug entwickelt (hatte / war).
3. Er (hatte / war) Informatik studiert, aber er konnte keine Arbeit in seinem Heimatland finden.
4. Er (hatte / war) aber noch jung genug gewesen, um in die Armee einberufen (*draft*) zu werden.
5. Obwohl er nicht zur Armee gehen wollte, (hatte / war) er gegen die Einberufung nicht protestiert.
6. Nach seiner Erfahrung in der Armee (hatte / war) Ali sich leichter in die Gesellschaft integriert.

2 **Eine bittere Niederlage** Ein Anhänger (*supporter*) eines besiegten Politikers schreibt nach einer Wahlniederlage an die Zeitung. Ergänzen Sie den Brief mit den richtigen Plusquamperfektformen der Verben in Klammern.

Die Wahrheit. Nichts anderes (1) _____ unser Kongressabgeordneter uns

_____ (erzählen). Und wie haben die Wähler ihn belohnt, nachdem er zehn Jahre lang

für sie (2) _____ _____ (arbeiten)? Wo (3) _____ seine

Anhänger _____ (sein), bevor die Wahl verloren war? Ich weiß, was die Zeitschriften

schreiben. Auch vor seinem ersten Wahlsieg (4) _____ Journalisten viele Lügen

_____ (verbreiten) und wenig hat sich seither geändert. Dies aber ist die Wahrheit: Vor

seinem zweiten Wahlsieg (5) _____ er in die Vereinigten Staaten _____

(reisen), wo er einige Geschenke von Technocorp (6) _____ _____

(bekommen). Und das (7) _____ niemand _____ (beweisen), bis er das

selbst zugegeben hat! Damals (8) _____ Journalisten _____ (sagen), es sei

Bestechungsgeld (*bribe money*). Das ist aber unmöglich, weil Technocorp ihm gar kein Geld gegeben hat.

3 **Ein Bürgerkrieg geht zu Ende** Bilden Sie aus jedem Satzpaar einen einzigen Satz. Verwenden Sie das **Plusquamperfekt**.

> **Beispiel**
>
> Es gab endlich Frieden. Das Heer hat kapituliert. (weil)
> **Es gab endlich Frieden, weil das Heer kapituliert hatte.**

1. Die Übervölkerung hat den Bürgerkrieg verursacht (*caused*). Die Bauern hatten nicht genug Land. (da)

   _____

2. Die Bauern haben ihre Probleme unterdrückt. Sie konnten nicht mehr. (bis)

   _____

3. Sie haben Angst gehabt. Die Bürger wollten sie in die Sklaverei verkaufen. (dass)

   _____

4. Die Bauern haben einen General gewählt. Sie begannen den Kampf. (bevor)

   _____

5. Der König hat kapituliert. Die Bauern haben kräftig gefeiert. (nachdem)

   _____

4 **Sätze ergänzen** Ergänzen Sie jeden Satz mit dem **Plusquamperfekt**. Verwenden Sie in jedem Satz verschiedene Substantive und Verben aus der Liste.

die Armee	befreien
der Bürgerkrieg	besiegen
die Diktatur	einfallen
die Niederlage	führen
der Rassismus	kämpfen
das Regierungssystem	regieren
die Republik	stürzen
die Waffe	wählen

1. Die Demokratie hat überlebt, bis _____

2. Der Kaiser hat streng regiert, weil _____

3. Der Frieden hielt nur, bis _____

4. Unsere Zivilisation ist gefallen, da _____

5. Die Freiheit ging verloren, als _____

6. Die Einwanderer haben sich integriert, weil _____

5 **Und zwar in meinem Alter!** Verwenden Sie das **Plusquamperfekt**, um zu erzählen, welche Ziele die betreffende Person im angegebenen Alter schon erreicht oder noch nicht erreicht hatten. Seien Sie kreativ!

> **Beispiel**
>
> 16 / ich
> **Mit 16 hatte ich schon Autofahren gelernt. / Mit 16 hatte ich noch nicht Autofahren gelernt.**

1. 33 / mein Lehrer _____

2. 13 / ich _____

3. 46 / mein Chef _____

4. 23 / du _____

5. 92 / meine Großeltern _____

6. 19 / wir _____

6 **Brandenburg und Sachsen** Schreiben Sie eine kurze Geschichte von Brandenburg und Sachsen mit den Informationen, die Sie im Teil **Stellen Sie sich vor** dieser Lektion finden. Verwenden Sie in mindestens fünf Sätzen das **Plusquamperfekt**.

_____
_____
_____
_____
_____
_____
_____

10.2 Uses of the infinitive

1 **Wählen oder zu Hause sitzen?** Wählen Sie die richtige Infinitivstruktur, um jeden Satz zu ergänzen.

1. Ist es überhaupt wichtig (zu wählen / um zu wählen)?
2. Dieses Jahr habe ich keine Lust, den Wahlkampf (ohne zu veranstalten / zu veranstalten).
3. (Anstatt zu wählen / Ohne zu wählen) darf man sich nicht über die Ergebnisse beschweren (_complain_).
4. Trotzdem habe ich nicht vor, dieses Jahr das Wahllokal (zu besuchen / besuchen).
5. Ich habe jeden Tag Zeitung gelesen, (statt die Kandidaten zu verstehen / um die Kandidaten zu verstehen).
6. Es macht keinen Spaß (um zu wählen / zu wählen), aber ich wähle trotzdem.

2 **Zwei Schüler sprechen über Potsdam** Rolf und Aydan lernen für einen Test in Geschichte. Ergänzen Sie das Gespräch mit den richtigen Infinitivformen der Verben aus der Liste. Einige Lücken werden leer bleiben. Verwenden Sie in diesem Fall das Zeichen Ø.

austauschen	teilen	vergessen		anstatt... zu	um... zu
bedauern	träumen	wissen		ohne... zu	zu

ROLF Ich versuche (1) _____ _____, seit wann Potsdam ein Teil von Berlin ist.

AYDAN Wie bist du in die 12. Klasse gekommen, (2) _____ _____, dass Potsdam gar kein Teil von Berlin ist?

ROLF Also, in Potsdam sind die Alliierten zusammengekommen, (3) _____ das eroberte Deutschland in Zonen _____.

AYDAN Nicht schlecht! Vielleicht hast du doch etwas im Geschichtsunterricht gelernt, (4) _____ nur _____.

ROLF West und Ost haben sich auch oft an der Glienicker Brücke getroffen, (5) _____ Spione (_spies_) _____.

AYDAN Es sieht so aus, dass ich nicht (6) _____ _____ brauche, dass wir zusammen lernen.

3 **Anfang der Diktatur** Bilden Sie aus jedem Satzpaar einen einzigen Satz.

> **Beispiel**
>
> Die Armee hat jahrelang gekämpft. Sie hat nicht kapituliert. (ohne... zu)
> _Die Armee hat jahrelang gekämpft, ohne zu kapitulieren._

1. Die Konservativen haben eine Diktatur eingeführt (_introduced_). Sie haben die Wahlniederlage nicht akzeptiert. (statt... zu)

   _____

2. Sie haben es sofort versucht. Sie haben die Sozialdemokraten vertrieben. (zu)

   _____

3. Die Sozialdemokraten haben sofort kapituliert. Sie haben nicht gekämpft. (ohne... zu)

   _____

4. Die Konservativen haben Journalisten unterdrückt. Sie festigen (_confirm_) ihre Macht. (um... zu)

   _____

5. Es ist nicht leicht für die Bürger. Sie leben unter einer Diktatur. (zu)

   _____

4 **Sätze bilden** Verwenden Sie die angegebenen Satzteile, um ganze Sätze mit Infinitivformen zu schreiben.

1. es / sein / notwendig / der Rassismus / überwinden

_____

2. ein Sieg / sein / unmöglich / ohne / die Sklaven / befreien

_____

3. der Politiker / machen / alles / um / gewählt / werden

_____

4. es / sein / wichtig / in Europa / mehrsprachig / sein

_____

5. die Demokraten / lösen / das Problem / ohne / kämpfen

_____

6. statt / gegen / die neuen Gesetze / protestieren / die Liberalen / verschwinden

_____

5 **Sätze ergänzen** Ergänzen Sie jeden Satzanfang mit einer Infinitivstruktur. Seien Sie kreativ.

1. Es ist nicht leicht _____

2. Es dauert lange _____

3. Die Politiker versuchen _____

4. Kongressabgeordnete haben vor _____

5. Dem Präsidenten gefällt es nicht _____

6. Es ist seine Absicht _____

6 **Fragen beantworten** Beantworten Sie die Fragen mit Infinitivstrukturen.

1. Finden Sie es interessant, über die Geschichte zu lesen? Was finden Sie (nicht) interessant? Warum?

_____

_____

_____

2. Warum kann es schwer sein, Geschichte zu verstehen?

_____

_____

3. Welches politische Problem ist schwer zu überwinden?

_____

_____

_____

10.3 *Der Konjunktiv I* and indirect speech

1 **Ein Gespräch über die Geschichte** Titus war heute nicht in der Vorlesung. Andere Studenten erzählen ihm, was die Professorin Dr. Karenina gesagt hat. Ergänzen Sie jeden Satz mit der richtigen Form des **Konjunktiv I**.

1. Dr. Karenina hat gesagt, wir _____ das Buch bis zu Ende lesen.

   a. musst　　　b. muss　　　c. müsse　　　d. müssen

2. Ferner hat Dr. Karenina gesagt, Deutschland _____ keinen Kaiser mehr.

   a. habe　　　b. hat　　　c. hast　　　d. gehabt

3. Ein Student hat gefragt, ob sie etwas über die Demokratie unter Bismarck erzählen _____.

   a. will　　　b. wolle　　　c. wollen　　　d. willst

4. Sie hat geantwortet, demokratische Bewegungen (*movements*) _____ wichtig gewesen.

   a. seien　　　b. ist　　　c. sind　　　d. sei

5. Sie hat gesagt, sie _____ den 1. Weltkrieg nächste Woche besprechen.

   a. wirst　　　b. wurde　　　c. werde　　　d. wird

2 **Neues von Honecker** Lesen Sie diesen Artikel über das gefundene Tagebuch von Erich Honecker. Ergänzen Sie den Artikel. Schreiben Sie die richtigen **Konjunktiv-I**-Formen in die Lücken.

DDR-Forscher berichten, man (1) _____ (haben) ein Tagebuch von Erich Honecker, dem ehemaligen Generalsekretär der SED, in Chile entdeckt. Dr. Nettlau, Leiter des Instituts für Geschichtsforschung, glaubt, auch wenn im Tagebuch nur von seinem persönlichen Leben erzählt (2) _____ (werden), (3) _____ (müssen) das Buch von großer Bedeutung sein. Persönlichkeit (4) _____ (sein) auch wichtig für den Historiker. Wenn man aus dem Buch auch nichts über die Politik (5) _____ (lernen), so bekomme man zumindest Einblick in die persönlichen Gedanken des Politikers. Dr. Nettlau berichtet, er (6) _____ (haben) bis jetzt nur Schriften über Honeckers Liebe zu Westautos gelesen.

3 **Neue Gesetze** Schreiben Sie jeden Satz noch einmal in indirekter Rede mit dem **Konjunktiv I**.

Beispiel

Die Kanzlerin: „Ich werde Einwanderungsprobleme lösen."
Die Kanzlerin sagt, sie werde Einwanderungsprobleme lösen.

1. Der Aktivist: „Ich finde die neuen Einwanderungsgesetze schrecklich."

   _____

2. Die demonstrierende Bürger: „Wir werden gegen die neuen Gesetze protestieren."

   _____

3. Ein Konservativer: „Die Gesetze sind für die Sicherheit notwendig."

   _____

4. Der Präsident: „Ich muss die Gesetze verabschieden."

   _____

5. Ein Journalist: „Einige Aktivisten vergleichen die neuen Gesetze mit der Sklaverei."

   _____

6. Ein Demokrat: „Alle haben das Recht auf Freiheit."

   _____

4 **Soziale und politische Träume** Nun lesen Sie jeden Satz und rekonstruieren Sie die ursprüngliche Aussage.

> **Beispiel**
>
> Der Liberale hat gefragt, wann der Rassismus verschwinden werde.
> **Der Liberale: „Wann wird der Rassismus verschwinden?"**

1. Der Konservative sagt, der freie Markt könne ohne Ausnahme jedes Problem lösen.

   Der Konservative: _____

2. Der Republikaner sagt, wir müssen die Gesetze streng durchführen.

   Der Republikaner: _____

3. Die Präsidentin fragt, warum das Volk sie beschuldige.

   Die Präsidentin: _____

4. Der Politiker fragt, wann die Welt in Frieden leben werde.

   Der Politiker: _____

5. Der Einwanderer fragt, ob er ohne Probleme arbeiten gehen dürfe.

   Der Einwanderer: _____

6. Der König hat sich gefragt, wann er wieder an die Macht dürfe.

   Der König: _____

7. Der Kongressabgeordnete sagt, dass einige Gesetze auf ihn nicht zutreffen.

   Der Kongressabgeordnete: _____

8. Die Politikerin meint, unsere Zivilisation hänge vom Rechtsstaat ab.

   Die Politikerin: _____

5 **Ein Bericht für die Leserschaft** Stellen Sie sich vor, Sie sind Reporter(in) bei einer politischen Debatte. Schreiben Sie einen Artikel darüber. Wer hat in der Debatte was gesagt? Schreiben Sie mindestens fünf Sätze mit der Form des **Konjunktiv I** der Verben aus der Liste.

betrügen	erreichen	sparen
entwickeln	führen	überwinden
erhalten	regieren	wählen

_____

_____

_____

_____

_____

_____

_____

_____

_____

_____

_____

AUFSATZ

Schritt 1

Lesen Sie diesen Zeitungsartikel über neue Sicherheitsmaßnahmen (*safety measures*) in Flughäfen. Folgen Sie dann den Anweisungen unten.

Die Sicherheit stelle immer Probleme dar, hatte Sicherheitschef Horst Lauchrenner früher gemeint. Wie könne man wissen, ob man etwas verpasse, ohne an jedem Fluggast eine Leibesvisitation (*body search*) durchzuführen? Sehe man wirklich alles? Diese Fragen hatten ihn gequält (*tortured*), bis der Flughafen, für den er verantwortlich ist, die so genannten Nacktscanner implementierte. Herr Lauchrenner sagt, er sei mit den Ergebnissen sehr zufrieden. Dass die Fluggäste gegen die Nacktscanner (*body scanner*) protestieren, sei für ihn und seine Mitarbeiter kein Thema. Wie viel Sicherheit man implementieren müsse, sei eine politische Frage. Seit Jahren verlange man immer weitere Sicherheitsmaßnahmen, erzählt Herr Lauchrenner. Bedauern die Wähler die neuen Sicherheitsmaßnahmen, so können sie sich politisch engagieren, statt ihn und seine Mitarbeiter zu beschimpfen (*insult*).

Machen Sie nun einen Kreis um alle Infinitivformen. Unterstreichen Sie alle Formen des Plusquamperfekts.

_____

_____

_____

_____

_____

_____

_____

_____

_____

_____

Schritt 2

Lesen Sie nun den Absatz noch einmal und unterstreichen Sie alle Verben im Konjunktiv I. Geben Sie die Infinitivform der Verben an.

_____

_____

_____

_____

_____

_____

_____

_____

_____

_____

Workbook

Schritt 3

Nun wählen Sie ein historisches Ereignis und schreiben Sie einen Zeitungsartikel aus der Perspektive eines Menschen, der das Ereignis gesehen hat. Beschreiben Sie, was passierte und warum. Erzählen Sie auch, was vor dem Ereignis schon passiert war. Berichten Sie auch, was man damals über das Ereignis gesagt hat. Schreiben Sie mindestens zehn Sätze. Verwenden Sie Wörter aus Lektion 10 sowie das Plusquamperfekt, Infinitivstrukturen und den Konjunktiv I.

_____

_____

_____

_____

_____

_____

_____

_____

_____

_____

_____

_____

_____

_____

_____

_____

_____

_____

_____

_____

_____

_____

_____

_____

_____

_____

_____

_____

ZU BEGINN   # Lektion 1

1 **Albert und Sarila** Hören Sie Emma und Valerie zu. Sie sprechen über ein befreundetes Paar, Albert und Sarila. Lesen Sie anschließend die Beschreibungen unten. Markieren Sie, welche Aussagen für Albert (**A**) und welche für Sarila (**S**) gelten.

_____ pessimistisch   _____ ruhig

_____ empfindlich   _____ verständnisvoll

_____ liebevoll   _____ nicht charmant

_____ unreif   _____ schüchtern

_____ genial   _____ ehrlich

2 **Richtig oder falsch?** Hören Sie noch einmal zu. Markieren Sie, ob die folgenden Aussagen **richtig** oder **falsch** sind. Korrigieren sie die falschen Aussagen.

Richtig **Falsch**

○ ○ 1. Emma und Valerie sagen, dass Albert pessimistisch ist.

_____

○ ○ 2. Sarila liebt Albert, weil er nicht liebevoll ist.

_____

○ ○ 3. Emma denkt, dass Albert unreif ist.

_____

○ ○ 4. Albert ist immer bestürzt.

_____

○ ○ 5. Albert ist bezaubernd.

_____

○ ○ 6. Emma und Valerie denken, dass Albert und Sarila gut zusammenpassen.

_____

3 **Machen die das wirklich?** Schauen Sie sich die Bilder unten an. Hören Sie sich die Aussagen an und korrigieren Sie sie anschließend.

> **Beispiel**
>
> *Sie hören:* Johannes und Maria gehen zusammen aus.
> *Sie sagen:* Nein, Johannes und Maria heiraten.

1.   2.   3.   4.

Lab Manual

STRUKTUREN

1.1 Word order: statements and questions

1 **Frage oder Aussage?** Hören Sie zu and markieren Sie, ob es sich um eine **Frage** oder eine **Aussage** handelt.

	eine Frage	eine Aussage			eine Frage	eine Aussage
1.	○	○		5.	○	○
2.	○	○		6.	○	○
3.	○	○		7.	○	○
4.	○	○		8.	○	○

2 **Etwas über Nera** Hören Sie sich das Gespräch zwischen Franz und Ilona an. Beantworten Sie die Fragen wie im Beispiel. Wiederholen Sie anschließend die richtige Antwort.

> **Beispiel**
>
> *Sie hören:* Wann siehst du Nera wieder?
> *Sie sehen:* morgen früh
> *Sie sagen:* Ich sehe sie morgen früh wieder.

1. verliebt	4. jeden Tag
2. bezaubernd	5. ins Kino
3. meinen Freund	6. nur zwei Stunden

3 **Am Telefon** Silvia telefoniert mit Stefan. Stefan hat viele Fragen. Hören Sie Silvia zu und schreiben Sie auf, was Stefan gefragt hat. Wiederholen Sie anschließend die Frage.

> **Beispiel**
>
> *Sie hören:* Anja und Lorenzo verloben sich nächste Woche.
> *Sie sehen:* nächste Woche
> *Sie fragen:* Wann verloben sie sich?

1. nächstes Jahr	4. in München
2. einfacher Ring	5. bezaubernd
3. seit drei Jahren	6. aus Spanien

4 **Beziehungen, Verabredungen und Freunde** Beantworten Sie die Fragen in vollständigen Sätzen.

1. Was ist Ihr Familienstand?

_____

2. Wann und wie oft gehen Sie aus?

_____

3. Wo haben Sie am liebsten Verabredungen?

_____

4. Wie heißt Ihr bester Freund/Ihre beste Freundin?

_____

5. Haben Sie manchmal Ihre Freunde/Freundinnen satt?

_____

Lab Manual

1.2 Present tense of regular and irregular verbs

1   **Klatsch mit Anna** Anna macht sich Gedanken über Elke und Oliver als Paar. Hören Sie ihr zu und schreiben Sie die richtigen Verben in die Lücken.

arbeiten	fahren	laufen	sein	werden
essen	heiraten	sehen	tragen	wissen

Elke und Oliver sind schon so lange verlobt. Morgen (1) _____ sie endlich!

(2) _____ die Ehe funktionieren? Ich (3) _____ nicht! Elke (4) _____

Oliver jetzt nicht so oft, weil sie viel (5) _____. Doch ich sehe ihn manchmal. Er

(6) _____ oft schmutzige Sachen. Und Elke ist doch so ordentlich! Problematisch ist

auch, dass Oliver Vegetarier (7) _____. Er (8) _____ kein Fleisch, aber Elke

(9) _____ so oft wie möglich zu McDonald's. Trotzdem können sie ein gutes Paar sein

und jede Ehe macht viel Arbeit. Jetzt aber los! (10) _____ du mit zur Hochzeit?

2   **Meine beschäftigte Freundin** Hören Sie zu und wiederholen Sie. Ersetzen Sie den Ton durch das Verb.

> **Beispiel**
>
> *Sie hören:* Ich <beep> samstags ins Kino.
> *Sie sehen:* gehen
> *Sie sagen:* Ich gehe samstags ins Kino.

1. helfen
2. geben
3. haben
4. vergessen
5. lesen
6. fahren

3   **Fragen beantworten** Hören Sie sich jede Frage an und beantworten Sie sie mit den angegebenen Wörtern unten. Dann wiederholen Sie die Antworten.

> **Beispiel**
>
> *Sie hören:* Wer liest das Buch?
> *Sie sehen:* meine Mutter
> *Sie sagen:* Meine Mutter liest das Buch

1. bis Mittag
2. 10 Uhr
3. Edward
4. mit dem Zug
5. Freunde besuchen
6. ihr Ehemann

Lab Manual

1.3 Nominative and accusative cases; pronouns and possessive adjectives

1 **Welche Antwort ist richtig?** Hören Sie sich jede Frage an und wählen Sie die korrekte Antwort.

1. a. Ja, ich schaue ihn mir heute Abend an.
   b. Ja, ich schaue es mir heute Abend an.
2. a. Nein, Ihre Frau kenne ich nicht.
   b. Nein, ihre Frau kenne ich nicht.
3. a. Ja, er besucht ihn nächste Woche.
   b. Ja, er besucht sie nächste Woche.
4. a. Ja, sie haben ihr verschoben.
   b. Ja, sie haben sie verschoben.
5. a. Ja, ich vermisse dich.
   b. Ja, ich vermisse sie.

2 **Das richtige Wort** Hören Sie sich die Gespräche an und wählen Sie das richtige Wort für jeden Satz.

1. Andreas stört _____ nicht.

   a. es   b. ihn   c. uns

2. Jakob findet _____ neue Professorin klasse.

   a. den   b. das   c. die

3. Ulla will _____ vielleicht nächste Woche wiedersehen.

   a. er   b. es   c. ihn

4. Maria findet _____ Hochzeit sehr stressig.

   a. diese   b. dieser   c. diesen

5. Dorothea will _____ Hochzeit.

   a. kein   b. keine   c. keinen

3 **Der richtige Kasus** Beantworten Sie die Fragen mit den angegebenen Wörtern. Wiederholen Sie anschließend die richtige Antwort.

> **Beispiel**
>
> _Sie hören:_ Wen siehst du?
> _Sie sehen:_ dein Mann
> _Sie sagen:_ Ich sehe deinen Mann.

1. meine Schwester
2. Robert
3. Montag
4. seine Tante
5. ihr Freund
6. dieser Aufsatz über die Ehe

WORTSCHATZ

Jetzt hören Sie den Wortschatz am Ende der Lektion. Hören Sie zu und wiederholen Sie.

Lab Manual

1 **Wie komme ich zu…?** Edward, ein Tourist in Berlin, weiß nicht, wo er ist. Hören Sie sich die Wegbeschreibung des Polizisten an und markieren Sie die Wörter, Verben oder Ausdrücke, die Sie hören.

_____ eine Wegbeschreibung geben   _____ die Ecke   _____ überqueren

_____ sich verlaufen   _____ vorbeigehen   _____ einsteigen

_____ aussteigen   _____ wenden   _____ anhalten

_____ der Zebrastreifen   _____ liegen   _____ überfüllt

_____ der Zeitungskiosk   _____ parken   _____ sich unterhalten

2 **Fußgänger oder U-Bahn-Passagier?** Edward erzählt nun seinem Freund Alex, wie sie zum Kunsthaus kommen. Hören Sie zu und entscheiden Sie, ob die folgenden Aussagen **richtig** oder **falsch** sind. Korrigieren Sie die falschen Aussagen.

Richtig **Falsch**

○ ○   1. Lisa bleibt noch lange im Kunsthaus.

_____

○ ○   2. Edward will nicht zu Fuß gehen.

_____

○ ○   3. Die Fahrt zum Kunsthaus Tacheles ist sehr lang.

_____

○ ○   4. Alex will etwas von der Stadt sehen.

_____

○ ○   5. Edward will immer noch mit der U-Bahn fahren.

_____

○ ○   6. Alex fährt auch mit der U-Bahn.

_____

3 **Die Stadt und die Umwelt** Oliver und Thomas besprechen das Leben in der Stadt, das Leben auf dem Land und die Umwelt. Hören Sie zu und beantworten Sie die Fragen in vollständigen Sätzen.

1. _____

2. _____

3. _____

4. _____

5. _____

Lab Manual

Lektion 2 Lab Manual   **125**

STRUKTUREN

2.1 Dative and genitive cases

1 **Oma und Opa besuchen** Hannah spricht mit ihrem Bruder Jan. Sie möchte die Großeltern in Berlin besuchen. Hören Sie zu und ergänzen Sie die fehlenden Pronomen und Possessivpronomen.

HANNAH Jan, ich möchte Oma und Opa in Berlin besuchen. Kommst du mit (1) _____?

JAN Wann willst du fahren? Ich muss (2) _____ Freundin Tanja Bescheid sagen. Vielleicht will sie mit (3) _____ kommen.

HANNAH Du weißt, dass (4) _____ Großeltern Tanja nicht mögen.

JAN Was geht es (5) _____ an, mit wem ich meine Zeit verbringe?

HANNAH Nichts, wenn du nicht unter (6) _____ Dach schläfst. Opa hat Geburtstag. Mach kein Theater.

JAN Schon gut. Was schenken wir (7) _____?

HANNAH Opa liest jetzt viel über die deutsche Geschichte. Wir können (8) _____ ein Buch mitbringen.

JAN Perfekt. Fahren wir mit (9) _____ Auto?

HANNAH Nein. Die Fahrt ist (10) _____ zu lang. Ich möchte fliegen.

2 **Ein neugieriger Besucher** Adam zeigt Felix seine neue Wohnung. Felix stellt ihm viele Fragen. Beantworten Sie die Fragen wie im Beispiel. Dann wiederholen Sie die richtigen Antworten.

> **Beispiel**
>
> *Sie hören:* Wem gehört das Buch?
> *Sie sehen:* mein Mitbewohner
> *Sie sagen:* **Das Buch gehört meinem Mitbewohner.**

1. meine Schwester   4. ja
2. nein   5. mein Vater
3. meine Freundin Karin   6. nur du

3 **Das Leben in Ihrer Stadt** Beantworten Sie die folgenden Fragen über das Leben in der Stadt.

1. _____
2. _____
3. _____
4. _____
5. _____
6. _____

2.2 Prepositions

1 **Verfahren!** Uwe versucht die Wohnung seines Freundes Abed zu finden. Er hat sich aber verfahren und muss Abed anrufen, um ihn nach dem Weg zu fragen. Hören Sie genau zu, und bestimmen Sie, ob die Präposition mit dem Akkusativ oder dem Dativ steht.

	Akkusativ	**Dativ**
mit		
über		
über		
in		
an		
in		

2 **Meine Nachbarschaft** Susanne spricht über ihre Nachbarschaft. Hören Sie ihr zu und füllen Sie die Lücken nach den Präpositionen mit den richtigen Artikeln oder Possessivpronomen.

Tag! Ich heiße Susanne. Ich wohne in Berlin-Kreuzberg. In (1) _____ (meine)

Nachbarschaft wohnen viele meiner Freunde. Deswegen möchte ich immer in (2) _____

(diese) Gegend wohnen, denn ohne (3) _____ (meine) Freunde möchte ich nicht sein.

Mein Nachbar heißt Archi. Er wohnt in (4) _____ (eine) Wohngemeinschaft. Ich wohne

gegenüber von (5) _____ (sein) Haus. An (6) _____ (die) Ecke gibt es eine

andere Wohngemeinschaft. Dort wohnt meine Freundin Amélie. Jenseits (7) _____ (ihr)

Hauses steht ein altes Kino. Wir gehen oft in (8) _____ (das) Kino, denn die zeigen

dort interessante Filme aus (9) _____ (das) Ausland. Wir treffen uns auch oft in

(10) _____ (das) Café dort drüben. Kreuzberg ist ein interessantes Stadtviertel Berlins.

Besuch mich mal!

3 **Ein Abendkonzert** Edward und Alex haben endlich Lisa gefunden und sie gehen alle zusammen aus. Hören Sie sich die Aussagen an und wiederholen Sie sie. Ersetzen Sie den Ton mit der richtigen Präposition wie im Beispiel.

Beispiel

Sie hören: Edward fährt *<beep>* der Straßenbahn.
Sie sagen: Edward fährt mit der Straßenbahn.

Lab Manual

2.3 *Das Perfekt*; separable and inseparable prefix verbs

1 **Ein Besuch in Berlin** Sie haben vor kurzem Berlin besucht. Ein Freund von Ihnen stellt Fragen zu Ihrem Besuch. Hören Sie zu und beantworten Sie seine Fragen. Wählen Sie die richtige Antwort.

1. a. Ich habe Berlin besucht, weil ein Freund mich eingeladen hat.
   b. Ich besuche Berlin, weil ein Freund mich einlädt.
2. a. Du hast ihn letztes Jahr kennen gelernt.
   b. Ich habe ihn letztes Jahr kennen gelernt.
3. a. Ich komme nächsten Monat an.
   b. Ich bin letzen Monat in Berlin angekommen.
4. a. Ja, wir haben zusammen viel besichtigt.
   b. Ja, sie haben viel besichtigt.
5. a. Ja, es hat mir nicht gefallen.
   b. Ja, sie hat mir gefallen.
6. a. Nein, er hat mich nicht angerufen.
   b. Nein, er ruft mich immer an.

2 **Das war aber gestern!** Sebastian kann sich nicht mehr erinnern, was seine Freunde alles gemacht haben. Erzählen Sie ihm, was die Personen gemacht haben. Sie hören einen Satz im Präsens. Wiederholen Sie den Satz im Perfekt. Wiederholen Sie anschließend die richtige Antwort.

> **Beispiel**
>
> *Sie hören:* Sebastian fährt nach Berlin.
> *Sie sagen:* Sebastian ist nach Berlin gefahren.

3 **Wer war das?** Beantworten Sie jede Frage mit dem angegebenen Subjekt. Dann wiederholen Sie die richtige Antwort.

> **Beispiel**
>
> *Sie hören:* Wer ist heute Morgen früh aufgestanden?
> *Sie sehen:* David und Andreas
> *Sie sagen:* David und Andreas sind heute Morgen früh aufgestanden.

1. ich
2. Natascha
3. der Polizeibeamte
4. du
5. Abi und Beate

6. der Mieter
7. Patrick
8. Klaus Wowereit
9. wir
10. Karl

WORTSCHATZ

Jetzt hören Sie den Wortschatz am Ende der Lektion. Hören Sie zu und wiederholen Sie.

Lab Manual

1 **Erkennen Sie die Wörter?** Hören Sie sich die Aussagen an und markieren Sie, welches Wort zur Definition passt.

1. _____   5. _____   a. der Journalist   e. einflussreich

2. _____   6. _____   b. der Dokumentarfilm   f. die Zensur

3. _____   7. _____   c. objektiv   g. die Werbung

4. _____   8. _____   d. die Monatsschrift   h. der Zuschauer

2 **Eine Liveübertragung** Angela Werner und Michael Petrowski sind zu Gast in Marcello Baccus' Radiosendung „Medien und Gesellschaft". Hören Sie sich das Gespräch an und markieren Sie, ob die folgenden Aussagen **richtig** oder **falsch** sind.

Richtig	Falsch	
○	○	1. Angela Werner ist Journalistin.
○	○	2. Michael Piotrowski ist Fensehreporter.
○	○	3. Michael kritisiert Angela oft.
○	○	4. Angela ist stolz auf ihre Zeitung.
○	○	5. Die Kriminalität steigt in Deutschland.
○	○	6. Michael und die Bürgermeisterin sind verheiratet.
○	○	7. Michael sagt, dass sein Familienleben nichts mit seiner Arbeit zu tun hat.
○	○	8. Angela sagt, dass ihre Zeitung objektiv ist.
○	○	9. Angela meint, dass der Sportteil ihrer Zeitung gut ist.
○	○	10. Michael sagt, dass Angelas Schlagzeilen oft nicht richtig sind.

3 **Der Mensch und die Massenmedien** Schauen Sie sich die Bilder unten an. Beantworten Sie die Fragen mit Wörtern aus der Liste. Dann wiederholen Sie die richtige Antwort.

> **Beispiel**
>
> *Sie hören:* Was machen die Kinder?
> *Sie sagen:* Sie sehen sich einen Zeichentrickfilm an.

> ein Interview   eine Livesendung   eine Seifenoper   eine Meinungsumfrage

1.   2.   3.   4.

Lab Manual

STRUKTUREN

3.1 *Das Präteritum*

1 **Sport und Medien** Beantworten Sie die Fragen einer Journalistin über Ihre Mediengewohnheiten und die Olympischen Spiele. Hören Sie sich die Fragen an und wählen Sie die richtige Antwort.

1. a. Die Olympischen Spiele fanden in der Antarktis statt.
   b. Die Olympischen Spiele fanden in China statt.
2. a. Meine Freundin las viele Bücher.
   b. Ich las Berichte im Internet.
3. a. Ja, du sahst dir die Spiele oft im Fernsehen an.
   b. Ja, ich sah mir die Spiele oft im Fernsehen an.
4. a. Ja, ich fand die Spiele sehr interessant.
   b. Nein, Sie fanden die Spiele nicht interessant.
5. a. Ich interessierte mich für Sprache und Kultur.
   b. Ich interessierte mich für Schwimmsport.
6. a. Ja, wir besprachen sie oft bei der Arbeit.
   b. Ja, ihr bespracht sie oft bei der Arbeit.
7. a. Ich hörte manchmal Radiosendungen.
   b. Jan sang viele Lieder.

2 **Wunder in Duisburg** Hören Sie sich die Radiosendung an und schreiben Sie die fehlenden Verben in die Lücken.

aufwachen	erwarten	glauben	sein	verkleiden
beginnen	fühlen	versammeln	spielen	wundern

Als mehr als eine Million Besucher sich auf dem Gelände (1) _____, (2) _____ sich einige der Konzertbesucher. Sie (3) _____ den Auftritt (*performance*) der beliebten Deutschrockgruppe „Die Ärzte". Zunächst aber (4) _____ eine andere Rockgruppe. Der Sänger (5) _____ sich als der verstorbene Sänger Falco. Die Täuschung (*deception*) (6) _____ so überzeugend, dass viele (7) _____, was sie sahen. Einige Konzertbesucher (8) _____ sogar in Ohnmacht. Als sie wieder (9) _____, (10) _____ das Konzert der „Ärzte". Auf Wiederhören, liebe Zuhörer.

3 **Ein Dokumentarfilm** Diese Radiosendung berichtet über einen neuen Dokumentarfilm. Hören Sie sich die Sendung an. Ergänzen Sie die Sätze mit der Präteritumsform des angegebenen Verbs.

> **Beispiel**
>
> *Sie hören:* Sie <beep> den Dokumentarfilm innerhalb von drei Wochen.
> *Sie sehen:* drehen
> *Sie sagen:* **Sie drehten den Dokumentarfilm innerhalb von drei Wochen.**

1. berichten   5. wissen
2. helfen   6. erscheinen
3. geben   7. sehen
4. arbeiten   8. verlieren

Lab Manual

3.2 Coordinating, adverbial, and subordinating conjunctions

1 **Medien über Medien** Hören Sie sich die Nachrichtensendung an. Wählen Sie die richtigen koordinierenden oder subordinierenden Konjunktionen aus der folgenden Liste und schreiben Sie sie in die Lücken. Mindestens eine Konjunktion können Sie zweimal verwenden.

> aber   bevor   da   dass   denn   oder   sondern   und   weil   wenn

Ein neuer Bericht von einem Mediensoziologen an der Universität Hamburg besagt,

(1) _____ viele Jugendliche keine Zeitung (2) _____ Zeitschrift

regelmäßig lesen. Oft informieren sich junge Leute nicht aus Fernsehsendungen, (3) _____

lesen und sehen alle Nachrichten online. (4) _____ immer weniger Menschen eine

Zeitung abonnieren, müssen schriftliche Medien ihre Inhalte online anbieten. Hier stellen sich

Zeitungsredakteure (5) _____ die folgenden Fragen: Wie zieht man die Online-

Leserschaft an (6) _____ wie verdient man damit Geld? Online-Leser erwarten

kostenlosen Inhalt, (7) _____ man kann immer ähnlichen Inhalt auf einer anderen

Website finden. Für die populärsten Websites können die Werbeeinnahmen (*advertising revenue*)

ausreichen, (8) _____ wird das immer so sein? Manchmal findet man nur mit Mühe

zuverlässige, alternative Nachrichten, (9) _____ kleinere Medien-Outlets wenig Geld

haben. Kann man eigentlich eine richtige Diskussion führen, (10) _____ wirklich jeder

teilnehmen kann? Diese Fragen sind wichtig für die Zukunft der Medien.

2 **Medien durch den Tag** Hören Sie sich jedes Aussagenpaar an. Bilden Sie daraus einen Satz, verbunden mit der angegebenen Konjunktion. Dann wiederholen Sie die richtige Antwort.

> **Beispiel**
>
> *Sie hören:* Ich stand auf. Ich checkte meine E-Mails.
> *Sie sehen:* dann
> *Sie sagen:* Ich stand auf, dann checkte ich meine E-Mails.

1. als   2. während   3. oder   4. sonst   5. und   6. bevor

3 **Fragen über Medien** Hören Sie sich jede Frage an und geben Sie die richtige Antwort, indem Sie Konjunktionen verwenden. Dann wiederholen Sie die richtige Antwort.

> **Beispiel**
>
> *Sie hören:* Warum abonnieren Sie die Zeitung nicht?
> *Sie sehen:* Wir sehen lieber die Nachrichtensendungen. (weil)
> *Sie sagen:* Wir abonnieren die Zeitung nicht, weil wir lieber die Nachrichtensendungen sehen.

1. Nein, ich kenne den Journalisten. (aber)
2. Ja, ich lese den Sportteil. (und)
3. Ja. Der Bürgermeister will das nicht. (obwohl)
4. Ja. Viele Leute verletzten sich. (dass)
5. Ja. Ich verstehe die Sprache nicht. (wenn)
6. Gut. Der Film ist uninteressant. (aber)

Lab Manual

3.3 Relative pronouns and clauses

1 **Mein neuer Artikel** Hören Sie sich das Gespräch zwischen Max und Azra an. Markieren Sie, ob die Relativpronomen, die sie verwenden, im Nominativ (N), Akkusativ (A), Dativ (D) oder Genitiv (G) stehen.

_____ 1. Max   _____ 5. Max

_____ 2. Azra   _____ 6. Azra

_____ 3. Max   _____ 7. Max

_____ 4. Azra   _____ 8. Azra

2 **Kurze Gespräche** Hören Sie sich das Gespräch an und wählen Sie das richtige Relativpronomen, um jeden Satz zu ergänzen.

1. Sebastian lernte den Regisseur kennen, _____ Film er sah.

   a. dessen   b. der   c. denen

2. Photius schrieb eine Kleinanzeige, _____ in der Zeitung erscheint.

   a. der   b. deren   c. die

3. Das Buch, _____ Oliver zu lang findet, sieht man als Bearbeitung im Fernsehen.

   a. dessen   b. der   c. das

4. Holly, _____ Bruder als Synchronsprecher arbeitet, findet die Synchronisation

   nicht schlecht.

   a. der   b. deren   c. dessen

5. Die Musiker, _____ Arne gefallen, heißen Jan und Niko.

   a. die   b. das   c. der

3 **Medienkonsum** Hören Sie sich die Fragen an und schreiben Sie sinnvolle Antworten mit den angegebenen Wörtern. Dann wiederholen Sie die richtige Antwort.

> **Beispiel**
>
> *Sie hören:* Was siehst du dir im Fernsehen an?
> *Sie sehen:* ein Dokumentarfilm / ich / höchst interessant finden
> *Sie sagen:* Ich sehe mir einen Dokumentarfilm an, den ich höchst interessant finde.

1. die Fernsehserie / ich / sehe / spannend finden
2. Der Zeichentrickfilm / vorhin / im Fernsehen geben / am Freitag wieder kommen
3. Der Korrespondent / berichten / über den Krieg / sein / in Tschetschenien
4. Der Zeitungsartikel / sein / nicht richtig / stehen / in / das *Rheindorfer Wochenblatt*
5. Journalisten / überall / auf / die Welt / arbeiten / kämpfen / für die Pressefreiheit
6. viele Comichefte / interessant / sein / darstellen / eine Gesellschaftskritik

WORTSCHATZ

Jetzt hören Sie den Wortschatz am Ende der Lektion. Hören Sie zu und wiederholen Sie.

Lab Manual

ZU BEGINN

Lektion 4

1 Alexandra und Haluk planen eine Reise Hören Sie sich das Gespräch zwischen Alexandra und Haluk über Ihre Ferienpläne an. Notieren Sie zu jeder Aktivität ein **A** oder ein **H**, um zu zeigen zu welcher Person sie gehört.

_____ organisieren

_____ Auto mieten

_____ Hotel buchen

_____ einchecken

_____ wandern

_____ Kanu fahren

_____ windsurfen

_____ sonnenbaden

_____ schnorcheln

_____ fischen

_____ segeln

_____ einpacken

2 Richtig oder falsch Hören Sie sich das Gespräch noch einmal an. Bestimmen Sie, ob die folgenden Aussagen **richtig** oder **falsch** sind.

Richtig	Falsch	
○	○	1. Alexandra und Haluk fahren erst später in den Urlaub.
○	○	2. Sie machen Ferien an der Nordsee.
○	○	3. Sie fahren mit dem Zug.
○	○	4. Alexandra und Haluk bleiben bei Freunden in Bremen.
○	○	5. Man kann auf der Nordsee Kanu fahren.
○	○	6. Haluk meint, dass er unsportlich ist.
○	○	7. Alexandra liegt gern in der Sonne.
○	○	8. Alexandra hat noch nie geschnorchelt.
○	○	9. Haluk kann nicht kochen.
○	○	10. Haluk fängt sofort mit dem Packen an.

3 Machen sie das wirklich? Schauen Sie sich die Bilder an und beantworten Sie die Fragen. Hören Sie dann ein zweites Mal zu und geben Sie die richtige Antwort.

> **Beispiel**
>
> *Sie hören:* Maria sitzt im Café.
> *Sie sagen:* **Nein, Maria entspannt sich auf dem Berg.**

1.  2.  3.  4.

Lektion 4 Lab Manual | **133**

STRUKTUREN

4.1 *Das Futur*

1 **Hans in Dortmund** Hans wird seine Familie in Dortmund eine Woche lang besuchen. Er erzählt, was er dort machen wird. Hören Sie zu und setzen Sie die fehlenden Verben ein.

Endlich! Ich (1) _____ nächste Woche nach Dortmund, in meine Heimatstadt

_____ (fahren). Die Reise (2) _____ sich _____ (lohnen), da

das letzte Mal schon so lange her ist. Ich (3) _____ meine Eltern _____

(sehen). Leider (4) _____ meine Schwester nicht dort _____ (sein). Sie

(5) _____ eine Geschäftsreise nach Russland _____ (machen). Meine

Eltern und ich (6) _____ in der Innenstadt _____ (spazieren gehen).

Natürlich (7) _____ ich mit alten Freunden _____ (feiern). Vielleicht

(8) _____ wir einen Saal _____ (mieten), da meine Eltern keinen Platz

für so viele Leute haben. Auch das Juicy-Beats-Musikevent (9) _____ nächste Woche

in Dortmund _____ (stattfinden); ich (10) _____ auf jeden Fall dort

_____ (tanzen).

2 **Eine kurze Reise** Christoph stellt Selena Fragen zu ihrer kurzen Reise an die Ostsee, die sie mit einigen Freunde machen werden. Hören Sie sich Christophs Fragen an und geben Sie die Antworten. Dann wiederholen Sie die richtigen Antworten.

> **Beispiel**
>
> *Sie hören:* Um wieviel Uhr werden wir die Wohnung verlassen?
> *Sie sehen:* die Wohnung verlassen / um drei Uhr
> *Sie sagen:* **Wir werden die Wohnung um drei Uhr verlassen.**

1. unsere Freunde abholen /   3. du / das Auto fahren   5. schwimmen
   um halb drei   4. dauern / nur eine halbe Stunde   6. nach Hause kommen / später
2. fahren zu ihnen / mit   heute Abend
   dem Auto

3 **Ihre nächste Reise** Sie hören sechs Fragen. Beantworten Sie die Fragen im Futur in vollständigen Sätzen.

1. _____
2. _____
3. _____
4. _____
5. _____
6. _____

4.2 Adjectives (Part 1)

1 **Ein unerwartetes Angebot** Alice und Hamid besprechen ihre Lieblingsreiseziele. Hören Sie zu und markieren Sie, welche der folgenden Adjektive Prädikatsadjektive und welche Attributivadjektive sind.

	Prädikatsadjektive	Attributivadjektive
enttäuscht		
schönes		
interessant		
große		
pleite		
lustige		
weiß		
teuer		
billige		
herrliche		

2 **Menschen beobachten** Wolfgang arbeitet am Flughafen. Er erzählt, was er oft bei der Arbeit sieht. Hören Sie, was er berichtet, und formen Sie die Sätze um, entweder im Singular oder im Plural. Dann wiederholen Sie die richtige Antwort.

> **Beispiel**
>
> *Sie hören:* Die Touristen machen schöne Fotos.
> *Sie sehen:* Foto
> *Sie sagen:* Die Touristen machen ein schönes Foto.

1. Pilot
2. Flugzeuge
3. Kinder
4. Tier / Käfig
5. Reise / Reisender
6. Buch / Ferientag

3 **So ist das aber nicht!** Hören Sie sich jede Frage an und beantworten Sie sie mit dem richtigen Adjektiv und dem Nomen. Dann wiederholen Sie die richtige Antwort.

> **Beispiel**
>
> *Sie hören:* Gehört Ihnen das große Boot?
> *Sie sehen:* klein / Boot
> *Sie sagen:* Nein. Mir gehört das kleine Boot.

1. sicher / Stadt
2. nah / Nordsee
3. französisch / Strand
4. schön / Land
5. neu / Euro
6. enttäuscht / Kinder

Lab Manual

4.3 Adjectives (Part 2)

1 **Samuel besucht Celle** Hören Sie Samuel zu. Er hat heute Morgen Celle besucht. Benutzen Sie die richtige Form des Adjektivs in Klammern.

Heute Morgen war ich zum ersten Mal in Celle, einer (1) _____ (alt) Stadt in Niedersachsen.

Ich wollte erst etwas von der Stadt sehen. Die (2) _____ (berühmt) Altstadt hat viele

(3) _____ (schön) Fachwerkhäuser. Das macht Celle zu einem (4) _____

(interessant) Ort der Fachwerkstraße. Die Fachwerkstraße ist eine (5) _____ (lang)

Ferienstraße, die sich von der Elbmündung im Norden bis zum Bodensee im Süden erstreckt. Auch

(6) _____ (sehenswert) ist das Schloss, gebaut im (7) _____ (extravagant)

Stil des Barock. Leider hatte ich wenig Zeit. Sonst hätte ich an einer (8) _____ (offiziell)

Stadtführung teilgenommen. Das Tourismusbüro veranstaltet eine (9) _____ (szenisch)

Führung in Kostümen des 17. Jahrhunderts. (10) _____ (lebendig) Geschichte finde ich

immer interessant! Diesen (11) _____ (spannend) Ort werde ich bestimmt wieder besuchen!

2 **Das richtige Adjektiv** Sie hören fünf Gespräche. Wählen Sie das richtige Adjektiv für die Lücke im Satz.

1. Kristinas Wohnung ist zu klein, sie will eine _____.

   a. Kleine   b. Große   c. Schöne

2. Katja fährt nicht mit dem langsamen Zug, sondern mit dem _____.

   a. Schnellen   b. Billigen   c. Kleinen

3. Selena möchte ein witziges Fernsehprogramm, Jan will ein _____.

   a. interessantes   b. dramatisches   c. langweiliges

4. Wendys altes Auto war langsam, das _____ ist schnell.

   a. Hässliche   b. Schnelle   c. Neue

5. Der neue DVD-Spieler ist teuer, der alte war ein _____.

   a. Langweiliger   b. Guter   c. Billiger

3 **Verb als Adjektiv** Hören Sie sich jeden Satz an. Bilden Sie einen neuen Satz, indem Sie das Verb, das Sie sehen, in ein Adjektiv umformen. Dann wiederholen Sie die richtige Antwort.

> **Beispiel**
>
> *Sie hören:* Der Junge läuft ins Haus zurück.
> *Sie sehen:* der Junge / weinen
> *Sie sagen:* Der weinende Junge läuft ins Haus zurück.

1. der Eisbär / hungern
2. Ballkönigin / tanzen
3. der Arbeiter / schwitzen (*to sweat*)
4. der Polizist / schlafen
5. das Tier / schwimmen

WORTSCHATZ

Jetzt hören sie den Wortschatz, der am Ende des Kapitels aufgelistet ist. Hören Sie zu und wiederholen Sie.

Lab Manual

ZU BEGINN   # Lektion 5

1 **Kunstarten** Hören Sie sich die kurzen Gespräche an und markieren Sie, ob man Literatur, Theater, Musik oder bildende Künste bespricht.

	Literatur	Theater	Musik	Bildende Künste
1.	○	○	○	○
2.	○	○	○	○
3.	○	○	○	○
4.	○	○	○	○
5.	○	○	○	○
6.	○	○	○	○

2 **Fragen beantworten** Hören Sie sich jedes Gespräch noch einmal an und wählen Sie die richtige Antwort auf die Frage, die Sie hören.

1. a. Das Leben in Wien ist ihm langweilig.
   b. Er möchte Rodins Skulptur besichtigen.
   c. Er möchte den Eifelturm besichtigen.
2. a. Er singt den Text einer Oper.
   b. Er singt Rockmusik.
   c. Er singt ein Volkslied.
3. a. Sie findet es nicht schlecht.
   b. Es gefällt ihr sehr gut.
   c. Es gefällt ihr nicht besonders.

4. a. Es macht ihm Spaß.
   b. Für seine Mutter.
   c. Für den Deutschkurs.
5. a. Er ist nicht schlecht.
   b. Er ist sehr schlecht.
   c. Er ist sehr gut.
6. a. Es ist schön.
   b. Es ist hässlich.
   c. Es ist uninteressant.

3 **Wer oder was ist das?** Hören Sie sich die Beschreibungen an und beantworten Sie die Fragen mit dem richtigen Wort aus der Liste unten. Dann hören Sie zu und wiederholen Sie die richtige Antwort. Ein Wort aus der Liste werden Sie nicht brauchen.

Beispiel

Sie hören: Gestern Abend haben Konstantin und Helena eine Aufführung im Theater mit Sängern und einem Orchester gesehen. Wo sind sie gestern gewesen?
Sie sagen: Sie sind in der Oper gewesen.

> die Autobiografie
> der Chor
> die Dramatikerin
> der Kriminalroman
> das Musical
> der Oper
> die Poesie
> das Stilleben

Lab Manual

STRUKTUREN

5.1 Modals

1 **Keine Zeit für dich!** Robert und seine Freunde wollten heute Abend ins Konzert gehen, aber seine Freunde haben ihre Pläne geändert. Hören Sie sich ihre Nachrichten auf Roberts Anrufbeantworter an. Ordnen Sie die neuen Pläne den richtigen Personen zu.

_____ 1. Francesca   a. muss sich um die Schwester kümmern.

_____ 2. Wendy   b. will ins Orgelkonzert gehen.

_____ 3. Willy   c. soll bei der Probe im Theater sein.

_____ 4. Tanja   d. muss im Krankenhaus bleiben.

_____ 5. Wolfgang   e. muss Geige üben (*practice*).

2 **Friederika und Thomas besprechen Handlungen** Hören Sie sich die Aussagen an und ergänzen Sie sie mit der richtigen Form des angebenen Modalverbs.

> **Beispiel**
>
> *Sie hören:* Friederika <*beep*> einen erfolgreichen Roman schreiben.
> *Sie sehen:* wollen
> *Sie sagen:* Friederika **will** *einen erfolgreichen Roman schreiben.*

1. müssen   4. mögen
2. sollen   5. können
3. können   6. dürfen

3 **Ja, das wollte ich...** Sehen Sie sich die Fotos unten an und beantworten Sie die Fragen mit den angegebenen Ausdrücken. Wiederholen Sie die richtige Antwort.

> **Beispiel**
>
> *Sie hören:* Was wollte Wilfried heute machen?
> *Sie sagen:* Wilfried **wollte** *ins Kunstmuseum gehen.*
> *Sie hören:* Was musste Wilfried heute machen?
> *Sie sagen:* Wilfried **musste** *zur Zahnärztin gehen.*

ins Kunstmuseum gehen / zur Zahnärztin gehen

1. Gedichte lesen / im Laden arbeiten

2. Selbstporträt malen / mit ihrer Mutter telefonieren

3. ihren Roman beginnen / zum Friseur gehen

4. Landschaften skizzieren / mit ihrem Freund einkaufen gehen

5.2 Comparatives and superlatives

1 **Petra im Museum der Kunstgeschichte** Hören Sie zu, während Petra über ihren Besuch im Museum der Kunstgeschichte erzählt. Dann wählen Sie die Aussage, die Petras Meinung am besten wiedergibt.

1. a. Petra findet das Museum für Gegenwartskunst besser als das Museum der Kunstgeschichte.
   b. Petra findet das Museum der Kunstgeschichte besser als das Museum für Gegenwartskunst.
2. a. Petra meint, dass moderne Kunst relevanter als alte Kunst ist.
   b. Petra meint, dass die Kunst des Mittelalters relevanter also moderne Kunst ist.
3. a. Petra meint, dass ältere Kunst interessanter als moderne Kunst ist.
   b. Petra meint, dass moderne Kunst interessanter als ältere Kunst ist.
4. a. In der Abteilung für Kunst der alten Griechen sieht man weniger Skulpturen als Gemälde.
   b. In der Abteilung für Kunst der alten Griechen sieht man mehr Skulpturen als Gemälde.
5. a. Petra ist glücklicher, wenn sie ältere Kunst betrachtet.
   b. Petra ist trauriger, wenn sie ältere Kunst betrachtet.
6. a. Petra findet die Kunst des Mittelalters wärmer als klassische Kunst.
   b. Petra findet klassische Kunst wärmer als die Kunst des Mittelalters.
7. a. Renaissancekunst ist lebendiger als die Kunst des Mittelalters.
   b. Mittelalterliche Kunst ist lebendiger als die Kunst der Renaissance.
8. a. Petra findet Hieronymus Bosch komischer als andere Künstler seiner Zeit.
   b. Petra findet Hieronymus Bosch ernster als andere Künstler seiner Zeit.

2 **Ja! Das ist am interessantesten!** Hören Sie sich Stefans Fragen an und bejahen Sie sie im Superlativ. Wiederholen Sie die richtige Antwort.

Beispiel

Sie hören: Ist das Theaterstück tragisch?
Sie sagen: Ja, es ist am tragischsten.

3 **Menschen vergleichen** Sehen Sie sich jedes Bildpaar an und beantworten Sie die Fragen, die Sie hören. Dann hören Sie zu und wiederholen Sie die richtige Antwort.

Beispiel

Sie hören: Ist Markus schicker als Max?
Sie sagen: Nein, Max ist schicker als Markus.

 Max   Markus

1.  Michael    Mario   2.  Frauke    Hermann und Sabina

3.  Allison    Anja   4.  Günter    Thomas

Lab Manual

5.3 *Da-* and *wo*-compounds; prepositional verb phrases

1 **Aussagen ersetzen** Hören Sie sich jede Aussage an. Dann lesen Sie die Sätze und wählen Sie das Wort, das jeden Satz am besten ergänzt.

1. Samantha arbeitet (daran / darauf).
2. Hans fürchtet sich (dafür / davor).
3. Andreas denkt (damit / daran).
4. Lisette dankt dem Publikum (dafür / darüber).
5. Die Sänger beschweren sich (darüber / davon).
6. Johann strebt (daraus / danach).

2 **Kunst und die Wirklichkeit** Ronald und Barak besprechen Literatur. Hören Sie sich das Gespräch an und ergänzen Sie die richtigen **wo**- oder **da**-Komposita.

BARAK Ah, Ronald, Tag. (1) _____ wartest du?

RONALD Ich warte auf den Bus. Wie findest du dein neues Haus?

BARAK Ich gewöhne mich langsam (2) _____. Welches Buch hast du da?

RONALD *Das Parfüm.* Hast du das noch nie gelesen?

BARAK Nein, das Buch kenne ich nicht. Ist es ein Roman? (3) _____ handelt er?

RONALD Ja, ein Roman. Er handelt von einem Mann in Frankreich, der selber nach nichts riecht, aber sehr gute Düfte kreieren kann. Eins dieser Parfüms ist so gut, dass die Massen sich (4) _____ verlieben.

BARAK Wie findest du die Handlung? Interessierst du dich (5) _____?

RONALD Jeder schwärmt (6) _____. Doch mir gefällt der Roman nicht. Die Handlung ist unrealistisch.

BARAK Die Qualität eines Romans hängt nicht (7) _____ ab, ob die Handlung realistisch oder unrealistisch ist.

RONALD Dann wird dir das Buch bestimmt gefallen. Auf Wiedersehen.

BARAK Tschüss.

3 **Fragen schreiben** Leila telefoniert mit ihrem Freund Matthias. Hören Sie zu, während Leila spricht. Matthias können Sie aber nicht hören. Schreiben Sie die Fragen auf, die er ihr gestellt hat. Dann wiederholen Sie die richtigen Antworten.

> **Beispiel**
>
> *Sie hören:* Ich habe mich für einen Abend im Theater entschieden.
> *Sie sagen:* **Wofür hast du dich entschieden?**

4 **Jürgen als Schriftsteller** Jürgen ist Schriftsteller und will seine Erzählungen veröffentlichen. Er zweifelt aber an seiner Kunst. Hören Sie sich die Sätze an und ersetzen Sie das Objekt durch das richtige **da**-Kompositum. Wiederholen Sie anschließend die richtige Antwort.

> **Beispiel**
>
> *Sie hören:* Jürgen denkt an die Novelle, die er geschrieben hat.
> *Sie sagen:* **Jürgen denkt daran.**

WORTSCHATZ   Jetzt hören Sie den Wortschatz am Ende der Lektion. Hören Sie zu und wiederholen Sie.

Lab Manual

ZU BEGINN

Lektion 6

1 **Definitionen** Hören Sie sich die Definitionen an und markieren Sie, welches Wort man beschreibt.

1. _____   5. _____   a. die Reservierung   e. frittiert

2. _____   6. _____   b. die Folklore   f. der Weihnachtsmann

3. _____   7. _____   c. das Schlückchen   g. fade

4. _____   8. _____   d. der Schnellimbiss   h. durchgebraten

2 **Bayerische Pizza** Hören Sie sich den Koch an. Er beschreibt sein Rezept für bayerische Pizza. Markieren Sie, ob die Aussage **richtig** oder **falsch** ist.

Richtig	Falsch	
○	○	1. Das Fladenbrot bäckt man, wie in Italien.
○	○	2. Das Fladenbrot bäckt man mit Bier, nicht Wasser.
○	○	3. Für bayerische Pizza ist sehr viel Salz notwendig.
○	○	4. Den Teig soll man mindestens eine Stunde gehen lassen.
○	○	5. Den Ofen soll man auf 600 Grad vorheizen.
○	○	6. Man braucht viel Käse.
○	○	7. Sauerkraut und Kümmel sind auf der Pizza.
○	○	8. Weißwurst und Leberkäse kommen darauf.
○	○	9. Die Pizza bäckt eine halbe Stunde.
○	○	10. Sie können gefrorene bayerische Pizza kaufen.

3 **Essen auf Bildern** Sehen Sie sich die Bilder an und beantworten Sie die Fragen mit den Wörtern aus der Liste.

> **Beispiel**
> *Sie hören:* Wie schmecken die Backwaren von Frau Staufen?
> *Sie sagen:* Sie schmecken süß.

bestellen   blutig   braten   Gulasch   pikant

1. _____   2. _____   3. _____

4. _____   5. _____

STRUKTUREN

6.1 Reflexive verbs and accusative reflexive pronouns

1 **Einheit Feiern** Hören Sie sich jede Aussage an und markieren Sie, ob das Verb reflexiv oder nicht reflexiv ist. Schreiben Sie dann die Infinitivform jedes Verbs auf.

	Reflexiv	**Nicht reflexiv**	
1.	○	○	_____
2.	○	○	_____
3.	○	○	_____
4.	○	○	_____
5.	○	○	_____
6.	○	○	_____

2 **Ich habe Angst vorm Weihnachtsmann!** Hören Sie sich die Erzählung an und schreiben Sie die fehlenden Verben in die Lücken. Sie hören die Erzählung zwei Mal.

sich ärgern	sich erholen	sich freuen	sich treffen
sich entschuldigen	sich erkalten	sich setzen	sich unterhalten

Auf Weihnachten (1) _____ ich _____ immer. Meine Familie und

ich lieben die Zeit, die wir dann zusammen verbringen. Wir (2) _____ _____

bei den Eltern und endlich kann ich (3) _____ _____. Ich bin nicht besonders

gesprächig (*talkative*), aber meine Geschwister (4) _____ _____ gern.

In dieser Jahreszeit (5) _____ ich _____ oft. Das stört mich aber nicht.

Aber ein Problem gibt es doch: Meine Eltern wollen immer noch, dass ich so tue, als ob ich an

den Weihnachtsmann glaube! Ich (6) _____ _____ so darüber! Ich bin

doch keine fünf Jahre alt! Aber es muss wohl so sein. Einmal wollte mein Bruder besonders reif

sein. „Nur Kinder glauben an so etwas", hat er gesagt. Am nächsten Tag (7) _____ er

_____ hin, um die Geschenke aufzumachen. Für ihn gab es aber keine Geschenke. Er

musste (8) _____ _____ und sagen, dass er doch an den Weihnachtsmann

glaubt. Nun kriegt er wieder Geschenke.

3 **Wir sehen uns auf dem Volksfest** Sie besuchen mit zwei Freunden den Augsburger Plärrer, ein großes Volksfest in Bayerisch-Schwaben. Ihre Freunde schlagen vor, was Sie machen sollen. Sie verwenden Reflexivverben. Beantworten Sie ihre Fragen mit den Reflexivpronomen in der richtigen Person.

> **Beispiel**
>
> *Sie hören:* Das Fest findet morgen statt. Erinnerst du dich?
> *Sie sagen:* Ja. Ich erinnere mich.

6.2 Reflexive verbs and dative reflexive pronouns

1 **Akkusativ oder Dativ?** Hören Sie sich jede Aussage an und markieren Sie, ob das Pronomen, das Sie hören, **Akkusativ** oder **Dativ** ist.

	Akkusativ	Dativ
1.	O	O
2.	O	O
3.	O	O
4.	O	O
5.	O	O
6.	O	O

2 **Das ist nicht wahr!** Sehen Sie sich die Bilder an und korrigieren Sie sie die Aussagen, die Sie hören.

> **Beispiel**
> *Sie hören:* Peter, Christa und Stanislas waschen sich das Gesicht.
> *Sie sagen:* Nein, sie überlegen sich, was sie jetzt machen sollen.

sie / sich überlegen / jetzt machen sollen

1. ich / eine Crêpe bestellen

2. er / eine Fernsehsendung anschauen

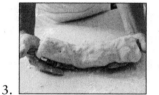

3. du / einen Apfelstrudel machen

3 **Wenn schon, denn schon** Hören Sie sich jede Frage an und beantworten Sie sie mit den Angaben unten. Dann hören Sie zu und wiederholen Sie die richtige Antwort.

> **Beispiel**
> *Sie hören:* Was machen Sie, wenn Sie etwas falsch machen?
> *Sie sehen:* sich sagen / besser machen
> *Sie sagen:* Ich sage mir, dass ich das besser machen muss.

1. einen Pulli / sich anziehen
2. etwas / sich wünschen
3. es / sich kaufen
4. Geld / sich leihen
5. die Hände / sich waschen
6. es / sich anhören

Lab Manual

6.3 Numbers, time, and quantities

1 **Bringen wir etwas mit?** Amin und Jessica gehen auf eine Party. Hören Sie sich diese Gespräche an und markieren Sie die richtige Aussage.

1. a. Die Party ist am 21. Oktober.
   b. Die Party ist am 31. Oktober.
2. a. Sie können zu dritt fahren.
   b. Sie können nur zu zweit fahren.
3. a. Die Party beginnt um 20 Uhr.
   b. Die Party beginnt um 2 Uhr.
4. a. Jessica arbeitet bis 19 Uhr.
   b. Jessica schläft bis 9 Uhr.
5. a. Jessica braucht eine Stunde, um sich fertig zu machen und zu Erika zu fahren.
   b. Jessica braucht zwei Stunden, um sich fertig zu machen und zu Erika zu fahren.
6. a. Jessica bringt 5 Liter Sprudel mit.
   b. Jessica bringt 5 Flaschen Sprudel mit.
7. a. Sie brauchen 5 Liter Champignons.
   b. Sie brauchen 1 Kilo Champignons
8. a. Jessica hat 25 Euro auf dem Konto.
   b. Jessica hat 425 Euro auf dem Konto.

2 **Vorbereitung auf Silvester** Sie helfen Matthias, eine Silvesterfeier zu organisieren. Beantworten Sie seine Fragen mit den angegebenen Zeit- oder Mengenausdrücken. Dann hören Sie zu und wiederholen Sie die richtige Antwort.

> **Beispiel**
> *Sie hören:* Um wie viel Uhr beginnt die Party?
> *Sie sehen:* 19 Uhr 30
> *Sie sagen:* **Die Party beginnt um neunzehn Uhr dreißig.**

1. 25
2. 11 Flaschen
3. 30 Euro / Flasche
4. 1 Liter
5. 500 Gramm
6. 20 Uhr

3 **Überraschungsparty!** Paul und Nadia bereiten sich auf eine Überraschungsparty für ihre Freundin Marta vor. Hören Sie zu, was sie brauchen und ersetzen Sie den Ton mit den richtigen Mengen. Dann hören Sie zu und wiederholen Sie die richtige Antwort.

> **Beispiel**
> *Sie hören:* Wir brauchen <beep> Wasser.
> *Sie sehen:* eine Flasche
> *Sie sagen:* **Wir brauchen eine Flasche Wasser.**

9 Tassen
12 Stück
2 Kilo
3 Liter

WORTSCHATZ

Jetzt hören Sie den Wortschatz am Ende der Lektion. Hören Sie zu und wiederholen Sie.

Lab Manual

ZU BEGINN

Lektion 7

1 **Rechner, Medizin oder Wissenschaft** Hören Sie sich diese kurzen Gespräche an und markieren Sie, ob es in einem Gespräch um Rechner, Medizin oder wissenschaftliche Forschung geht.

	Rechner	**Medizin**	**Wissenschaftliche Forschung**
1.	○	○	○
2.	○	○	○
3.	○	○	○
4.	○	○	○
5.	○	○	○

2 **Fragen beantworten** Hören Sie sich die Gespräche noch einmal an und geben Sie eine Antwort auf die Frage, die Sie hören.

_____ 1. a. ein Stern
         b. ein Planet
         c. ein Gen

_____ 2. a. David hat ihre Arbeit kritisiert.
         b. Sie meint, der Code ist nicht gut genug.
         c. Manuel hat ihre Arbeit kritisiert.

_____ 3. a. Sie sucht ein E-Book.
         b. Sie sucht ihren Rechner.
         c. Sie sucht ihren USB-Stick.

_____ 4. a. Kinder soll man nicht impfen.
         b. Man muss Kinder jede Woche impfen.
         c. Man muss Kinder jedes Jahr impfen.

_____ 5. a. Biologie
         b. Astronomie
         c. Physik

3 **Wer bin ich?** Hören Sie zu, während diese Menschen beschreiben, was sie machen und bestimmen Sie ihren Beruf. Dann wiederholen Sie die richtige Antwort.

Beispiel

Sie hören: Ich erforsche Planeten, Sterne und andere Objekte mit einem Teleskop.
Sie sagen: Sie ist Astronomin.

Astronaut(in)	Informatiker(in)
Astronom(in)	Mathematiker(in)
Biologe/Biologin	Physiker(in)
Geologe/Geologin	Zoologe/Zoologin

Lab Manual

STRUKTUREN

7.1 Passive voice and alternatives

1 **Der Prüfstand** Hören Sie sich jeden Satz an und markieren Sie, ob er ein Aktiv- oder Passivsatz ist.

	Aktiv	Passiv			Aktiv	Passiv
1.	○	○		5.	○	○
2.	○	○		6.	○	○
3.	○	○		7.	○	○
4.	○	○		8.	○	○

2 **Leben auf dem Mars!** Hören Sie sich diesen Radiobericht an und schreiben Sie die richtigen Passivformen der Verben in die Lücken.

> beweisen   planen
> einsetzen   senden
> entdecken   suchen
> finden   verwerten

Heute Morgen (1) _____ endlich intelligentes Leben auf dem Mars _____!

Schon lange (2) _____ im Weltall (*universe*) nach Lebewesen (*living creature*) außerhalb

der Erde _____. Doch heute (3) _____ von Astronomen eine Antwort auf die Frage

_____, ob wir allein im Kosmos sind. In einer Liveübertragung (4) _____ während

der letzten Nacht Signale vom Mars auf die Erde _____. Die Daten (5) _____ im

Augenblick noch in einer Datenbank _____, aber die Entdeckung soll jetzt schon revolutionär

sein. Bisher (6) _____ die Existenz der Marsbewohner noch nicht _____, da sie keine

Knochen besitzen und Röntgenstrahlen sie einfach durchdringen können. Mit Hilfe eines neuen Gerätes,

in dem Nanotechnologie (7) _____ _____, hat sich jetzt aber herausgestellt, dass die

Marsianer über eine bemerkenswerte Intelligenz verfügen (*have at their disposal*). Ob noch in diesem

Jahr eine Reise zum Mars (8) _____ _____, wollten die Wissenschaftler heute

allerdings nicht beantworten.

3 **Wir forschen zusammen** Für nur ein Forschungsziel sind manchmal viele Mitarbeiter notwendig. Sie hören nun, wer im Labor (*lab*) was macht. Hören Sie sich jeden Satz an und formen Sie ihn um in eine passive Aussage. Wiederholen Sie anschließend die richtige Antwort.

> **Beispiel**
>
> *Sie hören:* Der Forscher lädt Dateien herunter.
> *Sie sagen:* Dateien werden vom Forscher heruntergeladen.

7.2 Imperative

1 **Formell und informell** Hören Sie sich jeden Satz an und markieren Sie, ob es sich um einen formellen Imperativ, einen informellen Imperativ oder überhaupt keinen Imperativ handelt.

	1	2	3	4	5	6	7	8	9	10
Formell										
Informell										
Kein Imperativ										

2 **Welcher Befehl ergibt Sinn?** Sie hören unvollständige Gespräche. Hören Sie zu und wählen Sie den Imperativ, der das Gespräch sinnvoll ergänzt.

_____ 1. a. Schreiben Sie den Code noch einmal.
　　　　　 b. Lassen Sie den Fehler im Code.

_____ 2. a. Lassen wir die Kinder morgen früh impfen.
　　　　　 b. Lassen wir die Kinder krank werden.

_____ 3. a. Beachte die E-Mails nicht.
　　　　　 b. Aktualisieren wir den Spam-Filter.

_____ 4. a. Schließen Sie den kabellosen Router an.
　　　　　 b. Schenken Sie mir Ihren Rechner.

_____ 5. a. Ihr müsst Mathematik studieren.
　　　　　 b. Begrüßt ihn, wenn ihr ihn seht.

_____ 6. a. Schreib zwei Forschungsberichte bis morgen.
　　　　　 b. Sprich mit dem Chef darüber.

3 **Vorschlag als Imperativ** Hören Sie sich jeden Vorschlag an und machen Sie einen Imperativ daraus. Dann wiederholen Sie die richtige Antwort.

> **Beispiel**
>
> *Sie hören:* Herr Müller muss die Stammzellen klonen.
> *Sie sagen:* **Klonen Sie die Stammzellen.**

4 **Beratung über Rechner** Ihre Oma hat einen neuen Rechner gekauft. Sie weiß aber noch nichts über Rechner und sie braucht Hilfe. Hören Sie sich jede Frage an und beantworten Sie die Fragen mit den angegebenen Wörtern. Dann wiederholen Sie die richtige Antwort.

> **Beispiel**
>
> *Sie hören:* Wie schaltet man den Rechner an?
> *Sie sehen:* drücken / die Taste (*button*)
> *Sie sagen:* **Drück die Taste.**

1. herunterladen / das Attachment
2. klicken / auf das Icon
3. nicht lesen / diese E-Mail
4. ziehen / zum Papierkorbicon
5. wählen / aus der Symbolliste
6. besuchen / eine Radiowebsite

7.3 Adverbs

1 **Zufrieden mit der Arbeit** Tina ist sehr zufrieden mit ihrer Arbeitsstelle. Hören Sie sich jede Aussage an und schreiben Sie das Adverb auf, das Sie hören. Dann markieren Sie, ob es ein Adverb der Zeit, Art und Weise oder des Ortes ist.

	Zeit	Art und Weise	Ort
1. _____	O	O	O
2. _____	O	O	O
3. _____	O	O	O
4. _____	O	O	O
5. _____	O	O	O
6. _____	O	O	O
7. _____	O	O	O
8. _____	O	O	O

2 **Ein Besuch in Freiburg** Sarah macht Urlaub in Freiburg im Breisgau. Sie ruft ihren Freund Amin an. Sie erzählt ihm von ihrem Besuch in der Stadt. Hören Sie sich ihre Aussagen an und bilden Sie einen neuen Satz mit dem angegebenen Adverb. Dann wiederholen Sie die richtige Antwort.

> **Beispiel**
>
> *Sie hören:* Ich bin in Freiburg.
> *Sie sagen:* Ich bin schon in Freiburg.

dort   gestern   jetzt   leider   morgen

3 **Ein neuer Wissenschaftler** Beantworten sie jede Frage mit der angegebenen Adverbialphrase. Dann wiederholen sie die richtige Antwort.

> **Beispiel**
>
> *Sie hören:* Woher kommt der neue Physiker?
> *Sie sehen:* aus der Schweiz
> *Sie sagen:* Er kommt aus der Schweiz.

1. äußerst interessante Aufsätze
2. über Relativitätstheorie
3. vorgestern
4. im Patentamt
5. natürlich
6. gern

WORTSCHATZ

Jetzt hören Sie den Wortschatz am Ende der Lektion. Hören Sie zu und wiederholen Sie.

ZU BEGINN

Lektion 8

1 **Was wir machen können** Jana und Azra besprechen, wie sie die Umwelt schützen. Hören Sie sich das Gespräch an. Markieren Sie die Wörter, die Sie hören, mit X.

_____ die Angst   _____ friedlich   _____ recyceln

_____ gerecht   _____ illegal   _____ die Ökologie

_____ das Gewissen   _____ die Kriminelle   _____ wiederverwertbar

_____ das Gift   _____ die Meinung   _____ zerstören

2 **Richtig oder falsch?** Hören Sie noch einmal zu und markieren Sie, ob die folgenden Aussagen **richtig** oder **falsch** sind.

Richtig	Falsch	
O	O	1. Es geht Azra sehr gut.
O	O	2. Azra hat nichts Illegales gemacht.
O	O	3. Azra hat Batterien nicht recycelt.
O	O	4. Jana meint, dass Azra eine Kriminelle ist.
O	O	5. Wenn man Batterien nicht recycelt, macht das nichts.
O	O	6. Batterien können Trinkwasser vergiften.
O	O	7. Azra meint, dass jeder recyceln muss.
O	O	8. Jana meint, dass Azra sich schuldig fühlen soll.

3 **Katastrophe oder Ökoterrorismus?** Hören Sie sich diese Radiosendung an und beantworten Sie dann die Fragen in vollständigen Sätzen.

1. Warum ist das Wasser gefährlich für die Gegend?

_____

2. Wozu gehört das Reservoir?

_____

3. Was machen die Ingenieure und Geologen?

_____

4. Ist schon jemand wegen der Katastrophe gestorben? Kann das passieren?

_____

5. Wer hat die Katastrophe vielleicht verursacht (*caused*)?

_____

6. Wer behauptet das?

_____

Lab Manual

STRUKTUREN

8.1 *Der Konjunktiv II* and *würde* with the infinitive

1   **Die Rede einer Umweltschützerin** Hören Sie sich diese Rede von Kayla, einer Umweltschützerin, an. Schreiben Sie die richtige Konjunktivform des fehlenden Verbs in die Lücke.

bringen	handeln	schützen
sich freuen	missbrauchen	sein
geben	retten	sterben

Meine Damen und Herren, es freut mich, hier zu sein... oder, vielleicht (1) _____ es mich

_____, wenn der Zustand (*state*) der Umwelt nicht so verhängnisvoll (2) _____.

Wir Menschen haben so viel mit Vernunft (*reason*), Wissenschaft und Technologie erreicht. Aber was heißt

Vernunft? Wie (3) _____ ein vernünftiger Mensch _____? (4) _____ er

die Bodenschätze, die ihm so viel gegeben haben, nicht _____? (5) _____ er Mutter

Erde nicht etwas zurück? Oder (6) _____ er sie _____? (7) _____ er Gift

in das Trinkwasser oder (8) _____ er die Umwelt _____? Können Menschen weiter

als invasive Neobiota leben oder (9) _____ die Menschheit _____, wenn sie so

weitermachte? Helfen Sie mit die Umwelt zu retten. Unser Leben hängt davon ab!

2   **Weiterkämpfen!** Melissa ist Naturschützerin im Regenwald. Hören Sie sich jede Indikativaussage an. Dann bilden Sie daraus Sätze im **Konjunktiv II**. Wiederholen Sie anschließend die richtige Antwort.

> **Beispiel**
>
> *Sie hören:* Wenn wir Ökologie studieren, lernen wir etwas über die Umwelt.
> *Sie sagen:* Wenn wir Ökologie studierten, würden wir etwas über die Umwelt lernen.

3   **Wie würden Sie reagieren?** Hören Sie zu und beantworten Sie die folgenden Fragen in vollständigen Konjunktivsätzen.

1. _____
2. _____
3. _____
4. _____
5. _____
6. _____
7. _____
8. _____

8.2 *Der Konjunktiv II* of modals

1 | **Wir wollen überzeugen** Hören Sie sich jede Aussage an und markieren Sie, ob die Modalverben im **Indikativ** oder im **Konjunktiv II** stehen.

	Indikativ	Konjunktiv II
1.	○	○
2.	○	○
3.	○	○
4.	○	○
5.	○	○
6.	○	○
7.	○	○
8.	○	○
9.	○	○
10.	○	○

2 | **Helena muss noch lernen** Hören Sie zu und ergänzen Sie die Aussagen mit der richtigen Konjunktivform des angegebenen Modalverbs. Dann wiederholen Sie die richtige Antwort.

> **Beispiel**
>
> *Sie hören:* Helena <*beep*> die Umwelt retten.
> *Sie sehen:* wollen
> *Sie sagen:* Helena wollte die Umwelt retten.

1. können
2. sollen
3. müssen
4. mögen
5. dürfen
6. können

3 | **Ich bin überzeugt!** Sie sind auf einer Umweltdemonstration. Eine Referentin erzählt von der Arbeit ihrer Hilfsorganisation für die Umwelt. Erzählen Sie Ihren Bekannten, was sie auch machen sollten, könnten, möchten, wollten, dürften oder müssten, um die Umwelt zu retten. Wiederholen Sie anschließend die richtige Antwort.

> **Beispiel**
>
> *Sie hören:* Sie kämpfen gegen die Klimaerwärmung.
> *Sie sehen:* wir / sollen
> *Sie sagen:* Wir sollten auch gegen die Klimaerwärmung kämpfen.

1. wir / sollen
2. wir / können
3. ich / wollen
4. ihr / müssen
5. wir / dürfen
6. wir / mögen

Lab Manual

8.3 Demonstratives

1 **Keine Terroristen** Hören Sie zu, während Cenk und Ebru sich unterhalten. Bestimmen Sie, ob das Demonstrativpronomen im Satz als Pronomen oder als Adjektiv dient.

Pronomen	Adjektiv

2 **Auf einer Demo** Orhan und seine Freundin Verena sind auf einer Demonstration für Menschenrechte und Umwelt. Hören Sie sich jede Aussage von Orhan und Verena an und machen Sie einen Kreis um die Form der Demonstrativa, die die Aussage richtig ergänzt.

1. a. der
   b. dem
   c. die
2. a. solchen
   b. solcher
   c. solches
3. a. dieser
   b. diese
   c. diesen
4. a. Dieses
   b. Diesem
   c. Diese
5. a. Dasjenige
   b. Derjenige
   c. Diejenigen

3 **Solche Ideen!** Hören Sie sich jeden Satz an und ersetzen Sie den angegebenen Satzteil mit der richtigen Form des angegebenen Demonstrativums. Dann wiederholen sie die richtige Antwort.

> **Beispiel**
>
> *Sie hören:* Ich mag die friedlichen Landschaften.
> *Sie sehen:* die friedlichen Landschaften / solch-
> *Sie sagen:* Ich mag solche friedlichen Landschaften.

1. Aktivistinnen / dies-
2. Aktivisten / jen-
3. der Rechtsanwalt / dies-
4. die Industrie / dieselb-
5. Menschen / solch-
6. des Giftes / dies-

WORTSCHATZ

Jetzt hören Sie den Wortschatz am Ende der Lektion. Hören Sie zu und wiederholen Sie.

ZU BEGINN

Lektion 9

1   **Definitionen** Hören Sie sich diese Definitionen an und markieren Sie das beschriebene Wort.

1. _____   5. _____   a. der Urlaubstag   e. das Arbeitsamt

2. _____   6. _____   b. die Schulden   f. sich bewerben

3. _____   7. _____   c. die Ausbildung   g. die Teilzeitarbeit

4. _____   8. _____   d. die Personalmanagerin   h. der Kollege

2   **Ein Vorstellungsgespräch** Maryam Fanara sucht sich eine neue Stelle. Hören Sie dem Vorstellungsgespräch zu und geben Sie die richtige Antwort auf jede Frage, die Sie hören.

1. a. Ingenieurin
   b. Statistikerin
   c. Buchhalterin
2. a. Sie hat einen Doktorabschluss.
   b. Sie hat einen Bachelorabschluss.
   c. Sie hat einen Magisterabschluss.
3. a. Maryam hat in München und in Weiden studiert.
   b. Maryam hat in München und in Bamberg studiert.
   c. Maryam hat in Weiden und in Bamberg studiert.

4. a. Ihre Stelle bei Medizinsysteme GmbH ist Teilzeitarbeit.
   b. Ihre Stelle bei Medizinsysteme GmbH ist kurzfristig.
   c. Ihre Stelle bei Medizinsysteme GmbH bezahlt wenig Geld.
5. a. Sie muss nach Weiden umziehen.
   b. Sie muss nach Bamberg umziehen.
   c. Sie muss nach München umziehen.
6. a. Ja, sehr viele Überstunden.
   b. Nein, gar keine Überstunden.
   c. Ja, aber nicht viele.

3   **Was passiert hier?** Sehen Sie sich diese Bilder an und beantworten Sie die Fragen mit den Wörtern aus der Liste. Dann hören Sie zu und wiederholen Sie die richtige Antwort.

Beispiel

Sie hören: Organisieren die Arbeiter einen Streik oder machen sie Überstunden?
Sie sagen: **Die Arbeiter organisieren einen Streik.**

 1.    2.    3.

 4.    5.    6.

Lab Manual

STRUKTUREN

9.1 *Der Konjunktiv II der Vergangenheit*

1   **Wir hätten es besser gehabt, wenn...** Franzin und Christian denken über ihre Wohnsituation nach. Hören Sie sich jeden Satzanfang an und wählen Sie die Aussage, die den Satz mit dem Konjunktiv II der Vergangenheit am besten ergänzt.

     1.   a. ...könnten wir eine Hypothek aufnehmen.
         b. ...hätten wir eine Hypothek aufgenommen.
         c. ...haben wir eine Hypothek aufgenommen.

     2.   a. ...wären wir in eine größere Wohnung gezogen.
         b. ...haben wir eine größere Wohnung gefunden.
         c. ...könnten wir in eine größere Wohnung ziehen.

     3.   a. ...hätten wir ein Auto gekauft.
         b. ...könnten wir ein Auto kaufen.
         c. ...haben wir ein Auto gekauft.

     4.   a. ...waren wir in einen Vorort umgezogen.
         b. ...würden wir in einen Vorort umziehen.
         c. ...wären wir in einen Vorort umgezogen.

     5.   a. ...hätte Franzin ihre Arbeitsstelle bei Aldi gekündigt.
         b. ...hat Franzin ihre Arbeitsstelle bei Aldi gekündigt.
         c. ...müsste Franzin ihre Arbeitstelle bei Aldi kündigen.

     6.   a. ...hätten wir zu viele Schulden gemacht.
         b. ...haben wir zu viele Schulden gemacht.
         c. ...hätten wir zu viele Schulden machen.

     7.   a. ...hatte er einen richtigen Abschluss gemacht.
         b. ...hätte er einen richtigen Abschluss gemacht.
         c. ...hat er einen richtigen Abschluss gemacht.

     8.   a. ...würden wir längst bessere Stellen finden.
         b. ...haben wir längst bessere Stellen gefunden.
         c. ...hätten wir längst bessere Stellen gefunden.

2   **Kind, nimm keine Schulden auf** Hören Sie sich jede Präsensaussage im Konjunktiv II an und übertragen Sie sie in den Konjuktiv II der Vergangenheit. Wiederholen Sie anschließend die richtige Antwort.

> **Beispiel**
>
> *Sie hören:* Wenn ich mir Geld liehe, hätte ich Schulden.
> *Sie sagen:* Wenn ich mir *Geld geliehen hätte, hätte ich Schulden gehabt.*

3   **Schlechte Entscheidungen** Heute war die Arbeit schwierig für Niko. Hören Sie ihm zu und sagen Sie ihm, was Sie besser gemacht hätten.

> **Beispiel**
>
> *Sie hören:* Ich bin spät aufgestanden.
> *Sie sehen:* pünktlich
> *Sie sagen:* Ich wäre pünktlich aufgestanden.

     1. 8 Uhr   4. bitten um
     2. nicht   5. nicht
     3. nach der Arbeit   6. kein

9.2 Plurals and compound nouns

1   **Pluralformen** Nennen Sie die Pluralform jedes Substantivs, das Sie hören. Wiederholen Sie anschließend die richtige Antwort.

> **Beispiel**
>
> *Sie hören:* die Stelle
> *Sie sagen:* die Stellen

2   **Konjunkturrückgang** Sehen Sie sich die Bilder an und beantworten Sie die Fragen, die Sie hören, indem Sie die Pluralformen der Wörter verwenden. Wiederholen Sie anschließend die richtige Antwort.

> **Beispiel**
>
> *Sie hören:* Wer organisiert den Streik?
> *Sie sagen:* Die Arbeiter organisieren den Streik.

der Arbeiter

1. die Inhaberin

2. die Kollegin

3. der Berater

4. der Chef

5. die Sekretärin

6. der Buchhalter

3   **Noch besser!** Sie haben eine neue Arbeitstelle gefunden, an der alles wunderbar ist. Ihre Freunde können es nicht glauben und stellen viele Fragen zu der neue Stelle. Beantworten Sie ihre Fragen mit den angegebenen Wörtern und wiederholen Sie anschließend die richtige Antwort.

> **Beispiel**
>
> *Sie hören:* Arbeitet eine Sekretärin in deinem Büro?
> *Sie sehen:* zwei
> *Sie sagen:* Zwei Sekretärinnen arbeiten in meinem Büro!

   1. viele   2. einige   3. zwei   4. alle   5. viele   6. drei

4   **Bei uns ist das auch so** Tanja spricht mit ihren Freundinnen Sarah und Leila und beschreibt ihre Arbeit. Alles, was sie über ihre Stelle erzählt, trifft auch auf Sarahs und Leilas Stellen zu. Geben Sie Sarahs und Leilas Antwort auf Tanjas Sätze mit den Pluralformen derselben Substantive. Dann wiederholen Sie die richtige Antwort.

> **Beispiel**
>
> *Sie hören:* Ich habe eine Ganztagsstelle.
> *Sie sagen:* Wir haben auch Ganztagsstellen.

Lab Manual

9.3 Two-part conjunctions

1 **Wirtschaftskrise!** Hören Sie sich diesen Kommentar an und schreiben Sie die richtige zweiteilige Konjunktion in die Lücken.

entweder... oder	nicht nur... sondern auch	teils... teils
je weniger... desto weniger	nur wenn	zwar... aber

(1) _____ kurzfristige Arbeitsstellen, _____ langfristige Stellen gehen während des Konjunkturrückgangs verloren. Das hat (2) _____ mit der Stärke (*strength*) des Euros, _____ mit einem Mangel an Bedarf für deutsche Produkte zu tun. (3) _____ kaufen reiche Geschäftsleute noch europäische Luxusautos, _____ so viele reiche Geschäftsleute gibt es nicht mehr. (4) _____ Produkte exportiert werden, _____ ausländische Währung kommt ins Land. Problematisch ist der hohe Wechselkurs des Euros. Amerikanische, japanische und chinesische Importe sind für Europäer relativ billig. Europa muss (5) _____ passende Produkte für ausländische Märkte verkaufen _____ den Innenmarkt weiter stärken (*strengthen*). (6) _____ _____ die Zentralbank den Euro billiger macht, können mehr europäische Produkte im Ausland verkauft werden.

2 **Entlassungen** Wird die Firma Milleniumcorp Angestellte entlassen müssen? Hören Sie sich jeden Satzanfang an und wählen Sie das richtige Ende.

1. a. noch die Gewerkschaft möchte Angestellte entlassen.
   b. oder die Gewerkschaft möchte Angestellte entlassen.
2. a. oder Angestellte müssen entlassen werden.
   b. noch Angestellte müssen entlassen werden.
3. a. andererseits die Gewerkschaft muss etwas abgeben.
   b. sondern auch die Gewerkschaft muss etwas abgeben.
4. a. noch mit dem Konjunkturrückgang zu tun.
   b. teils mit dem Konjunkturrückgang zu tun.
5. a. als auch Steuern bezahlen.
   b. wie noch Steuern bezahlen.
6. a. desto schwerer ist es, die Angestellten zu bezahlen.
   b. als auch schwerer es ist, die Angestellten zu bezahlen.

3 **Wer das Geld hat...** Hören Sie sich jedes Satzpaar an und bilden Sie daraus einen einzigen Satz, indem Sie die angegebene zweiteilige Konjunktion verwenden. Wiederholen Sie anschließend die richtige Antwort.

> **Beispiel**
>
> *Sie hören:* Die Geschäftsführerin ist sehr erfolgreich. Ihre Kollegen sind sehr erfolgreich.
> *Sie sehen:* sowohl... als auch
> *Sie sagen:* Sowohl die Geschäftsführerin als auch ihre Kollegen sind sehr erfolgreich.

1. mal... mal
2. zwar... aber
3. je mehr... desto
4. nur wenn
5. entweder... oder
6. nicht nur... sondern auch

WORTSCHATZ

Jetzt hören Sie den Wortschatz am Ende der Lektion. Hören Sie zu und wiederholen Sie.

ZU BEGINN

Lektion 10

1 **Volk und Staat** Hören Sie sich diese kurzen Gespräche an und markieren Sie, ob das Thema des Gesprächs Politik, Geschichte oder nationale Identität ist.

	Politik	Geschichte	Nationale Identität
1.	O	O	O
2.	O	O	O
3.	O	O	O
4.	O	O	O
5.	O	O	O

2 **Fragen beantworten** Hören Sie sich die Gespräche noch einmal an und beantworten Sie die Frage, die Sie hören.

_____ 1. a. Bayern
   b. Berlin
   c. Schleswig-Holstein

_____ 2. a. Knechtschaft, Blut und Freiheit
   b. Kohle, Blut und Sonne
   c. Nacht, Liebe und Käse

_____ 3. a. Vor dem russischen Parlament.
   b. Vor dem britischen Parlament.
   c. Vor dem türkischen Parlament.

_____ 4. a. die Sozialdemokraten
   b. die Linke
   c. die Liberalen

_____ 5. a. Bonn
   b. Berlin
   c. Ostberlin

3 **Eine Rede über Integration** Hören Sie sich diese politische Rede an, dann beantworten Sie die Fragen, die Sie hören, in vollständigen Sätzen.

1. _____

2. _____

3. _____

4. _____

5. _____

Lab Manual

STRUKTUREN

10.1 *Das Plusquamperfekt*

1 **Wann war das geschehen?** Karl und Annika lernen für eine Prüfung im Geschichtsunterricht. Hören Sie sich ihr Gespräch an. Ersetzen Sie den Ton, den Sie hören, mit der fehlenden Form von **haben** oder **sein** im Plusquamperfekt.

KARL Also, die Deutschen (1) _____ früher immer Heiden (*pagans*) gewesen, bis wann?

ANNIKA Bevor Karl der Große Kaiser geworden (2) _____, sind viele nicht Christen gewesen.

KARL Karl der Große? Wann hat er gelebt? Was (3) _____ er gemacht, dass er den Beinamen „der Große" bekommen hat?

ANNIKA Der Papst hat ihn im Jahr 800 zum Kaiser gekrönt, aber er (4) _____ auch schon früher regiert

KARL Und Friedrich der Große? (5) _____ er früher oder später als Karl König gewesen? Ich verstehe immer noch nicht, warum sie groß waren!

ANNIKA Friedrich der Große hat viel später gelebt! (6) _____ du überhaupt schon mal von ihm gehört?

KARL Oh, ja! Natürlich! Ich (7) _____ viel über die Geschichte des 20. Jahrhunderts gelesen, bis ich zu müde wurde. Ich war so müde, dass ich nichts mehr über das Mittelalter lesen konnte.

ANNIKA Gut. Dann kannst du mir mit dieser Geschichte über Hindenburg helfen. Vor dem 1. Weltkrieg, (8) _____ er in Rente gegangen. Aber ich verstehe nicht, warum er erst später bekannt geworden ist.

KARL Hindenburg? Hat er auch Karl den Großen gekannt?

ANNIKA Also, vielleicht sollen wir noch mal von Anfang an beginnen.

2 **Der Wahlkampf** Hören Sie sich jeden Satz im Pefekt an und geben Sie ihn im Plusquamperfekt wieder. Wiederholen Sie anschließend die richtige Antwort.

> **Beispiel**
>
> *Sie hören:* Die Sozialdemokraten haben einen Wahlsieg gefeiert.
> *Sie sagen:* **Die Sozialdemokraten hatten einen Wahlsieg gefeiert.**

3 **Die Bürger siegen** Sie hören, was das siegreiche Heer im Land machte, nachdem es ins Land eingefallen war. Berichten Sie, was schon passiert war, bevor das Heer ins Land gekommen ist.

> **Beispiel**
>
> *Sie hören:* Das Heer ist zum Lager gekommen.
> *Sie sehen:* der Kaiser / die Sklaven unterdrücken
> *Sie sagen:* **Bevor das Heer zum Lager gekommen ist, hatte der Kaiser die Sklaven unterdrückt.**

1. das Heer / den Sieg schon erreichen
2. der Bürgerkrieg / beginnen
3. die Bürger / frei sein
4. der Kaiser / die Sklaven in die Lager schicken
5. die Bürger / einen Aufruhr organisieren
6. die Bürger / das Heer besiegen

Lab Manual

10.2 Uses of the infinitive

1 **Kaiser Edward** Hören Sie sich diese Erzählung an und schreiben Sie die fehlenden Verben in die Lücken. Sie können sich die Erzählung zweimal anhören.

befreien	einfallen	protestieren	sein	unterdrücken
bewerben	nachdenken	regieren	stürzen	verrichten

Edward war einer der größten Kaiser, die das Reich je (1) _____ durften. Während seiner

Herrschaft verging er stets vor dem Wunsch, Großes (2) _____. Viele Male entschied er

sich dafür, in andere Länder (3) _____, um die Bevölkerung dort (4) _____.

Leider waren die meisten dieser Länder unbewohnt. Außerdem hatte er großen Spaß daran, fremde

Könige (5) _____. Leider waren die meisten Könige schon vertrieben. Da die Bürger

begannen, gegen ihn (6) _____, musste er versuchen, das Reich liberaler zu regieren. Ohne

lange (7) _____, fing er an, die Sklaven (8) _____. Leider war die Sklaverei

schon vor Jahrhunderten abgeschafft worden. Edward musste schließlich erkennen, dass es gar nicht

so leicht ist, Kaiser (9) _____. Er schwor sich, seine Krone niederzulegen und sich als

Praktikant in einem demokratischen Regierungssystem (10) _____.

2 **Wahlhelfer** Verwenden Sie die Infinitivform mit **zu**, um jede Frage mit den angegebenen Aussagen zu beantworten. Wiederholen Sie anschließend die richtige Antwort.

> **Beispiel**
>
> *Sie hören:* Werden Sie bei dieser Wahl wählen?
> *Sie sehen:* Ich habe die Absicht...
> *Sie sagen:* **Ich habe die Absicht, bei dieser Wahl zu wählen.**

1. Ich muss nicht lange warten...
2. Die Wahlhelfer helfen mir...
3. Ich habe Zeit...
4. Ich habe gearbeitet...
5. Es freut mich...
6. Ich nehme mir Zeit...

3 **Die Politiker verstecken sich** Sie hören Sätze über einen Politiker, den man kein zweites Mal wählen sollte. Hören Sie sich jedes Satzpaar an und bilden Sie daraus einen einzigen Satz mit **ohne... zu, statt... zu** oder **um... zu**. Wiederholen Sie anschließend die richtige Antwort.

> **Beispiel**
>
> *Sie hören:* Das Heer hat gekämpft. Es hat nicht kapituliert.
> *Sie sagen:* **Das Heer hat gekämpft, ohne zu kapitulieren.**

Lab Manual

10.3 *Der Konjunktiv I* and indirect speech

1 **Was hat sie versprochen?** Hören Sie sich diese Sätze an und markieren Sie, ob die Aussagen **Konjunktiv I** oder **Konjunktiv II** verwenden, um indirekte Rede wiederzugeben.

	Konjunktiv I	Konjunktiv II
1.	○	○
2.	○	○
3.	○	○
4.	○	○
5.	○	○
6.	○	○
7.	○	○
8.	○	○

2 **Eine konservative Wahlkampfrede** Ein Journalist hört zu, während ein konservativer Politiker spricht. Hören Sie sich die Wahlkampfrede an. Dann ergänzen Sie die Notizen des Journalisten. Schreiben Sie die richtige Form des **Konjunktiv I** in die Lücken.

1. Er hat gesagt, eine neue Regierung _____ notwendig.

2. Er hat gesagt, er _____ einen Bericht gehört.

3. Er meint, die Machthaber _____ die Steuern.

4. Er denkt, die Leute, die Arbeitnehmer beschäftigen, _____ weniger Steuern bezahlen.

5. Wenn er Kongressabgeordneter ist, _____ er Unternehmern helfen und sie nicht bekämpfen.

6. Er _____ gegen weitere Integration in die EU-Wirtschaft.

3 **Was andere gesagt haben** Hören Sie sich die folgenden Sätze an und sehen Sie sich an, wer das gesagt hat. Verwenden Sie **Konjunktiv I**, um die Sätze wiederzugeben.

> **Beispiel**
>
> *Sie hören:* Der Präsident muss den Krieg beenden.
> *Sie sehen:* die Liberale
> *Sie sagen:* **Die Liberale sagt, der Präsident müsse den Krieg beenden.**

1. der Diktator
2. der Bürgermeister
3. die Journalistin
4. die Königin
5. der Konservative
6. die Demokratinnen

WORTSCHATZ

Jetzt hören Sie den Wortschatz am Ende der Lektion. Hören Sie zu und wiederholen Sie.

Lab Manual